CAREER&LIFE SHIFT

50代がうまくいく人の戦略書

藤井孝一

Koichi Fujii

三笠書房

はじめに

五〇代というのは、なかなか悩ましい年代です。

仕事では、ずっと先にあったはずの「定年」が見えてきて、自分が会社でどのポジション（役職）までいけるのかも見通せるようになります。右肩上がりだったキャリアや給与がピークに達し、下降線を描きはじめる時期といえます。

プライベートでは、子育てがある程度終わりを迎える一方で、親の介護や相続の問題などを経験する時期に突入します。身内や知人の不幸に直面して、人生のはかなさを感じる機会も少なくありません。

私の周りにいる五〇代の友人・知人と話をすると、やはり悩みを抱えている人が多いことを実感します。

「役職定年で会社での扱いが変わり、仕事へのモチベーションがなくなってしまった」
「親が高齢で体のあちこちに不調が出ている。要介護になったらと思うと不安」
「これから給料が減りそうなのに、まだ子供の学費がかかって大変」
仕事のこと、親のこと、子供のこと、お金のこと……悩みの内容はさまざまですが、どれも切実であるところが共通しています。

こんな悩みや不安を反映して、世の中には五〇代に向けて生き方を指南する本があふれています。

そういった本には、「出世欲は捨てよう」「頑張るのはやめよう」「人づきあいを減らそう」「物欲を減らそう」など、「やめる」「捨てる」を強調する論調がやたらと目立ちます。

何かを手放して身軽になるという発想はいいのですが、早すぎる終活を提案されているようで、なんだか腹立たしい気持ち、さみしい気持ちにもなってきます。

今の五〇代はまだまだ元気ですし、六〇代だって元気な人はたくさんいます。私は今、五八歳ですが、これからもファイティング・ポーズは解かずに、挑戦し続けたいと思っています。

ただし、二〇代や三〇代の若者たちと真正面から勝負するのは、さすがに無謀です。五〇代になれば、それなりに体力や気力は低下します。力任せに物事を解決しようとしても限界があります。

その代わり、私たちには今まで培ってきた知識や経験、スキルがあります。これらを駆使する方向にうまく「シフトチェンジ」していけば、まだまだ戦えます。輝けます。自分がこれまでやってきこと、身につけてきたことを「過小評価」すべきではありません。

私は、無責任に五〇代の未来を楽観するつもりも、必要以上に悲観するつもりもありません。リアルな五〇代の現状を踏まえて、第二のキャリア、人生を充実させるための「シフトチェンジ戦略」について語っていくのが本書の目的です。

1章では、「考え方・心構え」。

2章では「人間関係」。

3章では「働き方」。

4章では「遊び方・学び方」。

そして5章では「お金」や「健康」「家族」のことなど、生活をめぐる問題についてのシフトチェンジ戦略を提案していきます。


せっかくの、一度しかない人生。しかも、今は人生一〇〇年時代です。楽しまなければ損というものです。今から日常にちょっとした変化を起こせば、人生後半戦の充実度は飛躍的に高まります。

本書がそのヒントになれば、著者として望外の喜びです。

藤井孝一

Contents

2章

10年後を見すえて、人間関係を再構築する
——肩書を脱ぎ捨て、いまやるべきこと

3章

独立するつもりで、働き方を見直す

――50代に求められる「ワークシフト」

4章

成熟した大人として大いに学び、遊ぶ
——創造的な毎日を送る10のヒント

5章

人生後半のリスクに早めに手を打っておく

――お金・家・親の介護……50代のリアル

編集協力／渡辺稔大
本文ＤＴＰ／株式会社Sun Fuerza

1章

現実を受け入れ、戦い方を変えていく

——あなたのキャリアの秘めたる宝

STRATEGY

1

五〇代に求められる「シフトチェンジ」

――四〇代の延長線上ではうまくいかない

今は人生一〇〇年時代といわれる時代です。昔と比べて五〇代のイメージは元気で若々しいものに変わってきています。

芸能界を見れば木村拓哉さん、福山雅治さん、石田ゆり子さんなど、五〇歳を超えても驚くほど若々しい俳優がたくさん活躍しています。

一般的に「中年」というくくりでまとめられることもあり、四〇代と五〇代を地続きでとらえている人が多いかもしれません。

けれども、現実には五〇代は更年期に差しかかる年齢であり、加齢による衰えを自覚する時期といえます。

また、多くの人にとって、五〇代は子育てを終え、親の介護や死別と向き合うタイミングでもあります。

仕事の上でも、五〇代になれば定年というリミットを強く意識するようになります。人生後半戦の生き方について、「このままでいいのか」「どうすればいいのか」あれこれ思い悩む機会も増えるのではないでしょうか。

私は二〇二四年現在、五八歳です。自分の実感に照らし合わせてみても、やはり四〇代と五〇代では明らかな変化がありました。

まず、なんといっても体力・気力が落ち、リカバリーに時間がかかるようになりました。記憶力も衰え、本や映画のタイトルがなかなか出てこないということが増えています。

スピードや集中力も残念ながら続かなくなっています。

たとえば、三〇代の私は週末起業をアドバイスするにあたり、「ブランディングと認知度アップを図るために、メールマガジンやブログを毎日書きましょう」といったように、体力と気力にものをいわせる手法を提案していました。

当時は、最新のトレンドや技術を活用して知名度や実績を上げるノウハウを教えることもできました。

しかし、最近では世の中の流れについていくための学びのスピードも落ちています。YouTubeやTikTok、Instagramとなると、さすがに若者と張り合う自信がありません。モチベーションという意味でも、三〇代や四〇代と比べれば下降しているのは事実です。以前であればリスクを恐れずに踏み出せたようなことでも、いまは慎重になっている自分がいます。

経験に裏打ちされた知識とスキルが武器になる

なんだか、冒頭から暗い話をしてしまいましたね。

ただ、私がこの本でいいたいのは、五〇代になったら、いろいろなことをあきらめて大人しく生きろ、ということではありません。

五〇代を防戦一方の下り坂として受け止めるのは間違っています。たしかに、どんなに強がっても、年齢に伴う肉体的・精神的な衰えを否定するのは無理があります。衰えを自覚することは不可欠です。重要なのは、

「衰えを自覚した上で、戦い方を変える」

ということです。

五〇代にはポジティブな要素があります。それは、経験に裏打ちされた知識やスキル、そして人脈です。きっと、みなさんも長年のキャリアを通じて知識やスキルを身につけているはずです。その知識やスキルをうまく生かす方向に「シフトチェンジ」すれば、まだまだ一花も二花も咲かせることができます。

この本では、五〇代から人生を輝かせるために何をどうシフトチェンジするか、その戦略について考えてみたいと思います。

STRATEGY

2

ダーウィンより、バッハのようにあれ

――これからは「結晶性知能」を発揮する

私は大学卒業後、大手金融会社で営業・マーケティングの仕事に携わりました。本業のかたわら、中小企業と起業家の活動をサポートする経営コンサルタントとしても活動し、三四歳のときに独立。フリーランスとして仕事をしたあと、四〇歳で会社を設立し、経営者となりました。

そして五一歳のときに会社経営を後進に譲り、現在では主に個人で執筆活動やコンサルティングなどの仕事を行なっています。

いってみれば、五〇代からフリーランスの経営コンサルタントに戻ったようなものです。

五〇代で経営を退くというのは、もともと決めていたことでもありました。若い頃から年上の経営者をいろいろと見ている中で、「五〇歳くらいがバリバリの第一線で勝負できるリミットではないか」と考えていたのです。

おそらく、五〇歳を迎えた時点で、まだまだやれるという自信があれば、そのまま経営者を続けていたかもしれません。

ただ、実際に五〇歳になってみて「やっぱり、もう経営にしがみつくのはやめよう」と思いました。

あらためて振り返ると、私の決断はけっしてネガティブなものだったわけではありません。その頃に感じていたのは、「戦うフィールドを変える必要性」でした。漠然とですが、五〇代はもっと違う働き方があると考えていたのです。

最近、私の選択を裏付けるような本を読みました。『人生後半の戦略書』（アーサー・

C・ブルックス／木村千里訳／SBクリエイティブ）という本です。

同書によると、高いスキルを求められる職業では、たいてい三〇代後半から五〇代前半にキャリアの落ち込みがはじまります。

わかりやすい例を挙げれば、アスリートは二〇代でピークを迎えます。アメリカのメジャーリーグでは、まさに大谷翔平選手が私たちに絶頂期のプレーを見せてくれています。

それに比べれば、アーティストや知識労働者のピークは、もっとずっとあとにくるようなイメージがあります。中には五〇代でも伸びしろがあると考える人もいますが、現実は違います。

たとえば、発明家やノーベル賞受賞者が大発見をする時期は三〇代後半とされています。あのダーウィンも、若い頃の研究をもとに五〇歳で『種の起源』を発表して以降、研究者としては大きな成果を残すことができず、失意の晩年を過ごしているのです。

「流動性知能」にいつまでもこだわらない

もっとも、人間には二種類の知能が備わっています。

一つ目は「流動性知能」と呼ばれるものです。これは発想力や柔軟な思考力、目新しい問題の解決力を指しています。簡単にいうと、私たちが普段の仕事で発揮している実務能力です。

どんなに若いときに斬新なアイデアで成果を生み出した人も、加齢による流動性知能の落ち込みを避けることはできません。

けれども、知能にはもう一つの「結晶性知能」というものがあります。結晶性知能とは過去に学んだ知識やスキルを活用して問題を解決する能力です。この結晶性知能は、流動性知能のあとから上昇していくことがわかっています。

つまり、ダーウィンが失意の後半生を送ったのは、流動性知能にいつまでもこだわっていたからです。

発想力や柔軟な思考力の落ち込みを受け入れ、もう一つの知能である結晶性知能を生かす方向にシフトチェンジする。そうすることで、第二のキャリア人生を輝かせることができるのです。

じつは、このシフトチェンジを体現した偉人の一人が作曲家のバッハです。バッハは天才として早くから才能を発揮し、一〇〇〇曲以上の作品を世に送り出しました。日本人にとってもバッハは「音楽の父」として、なじみ深い作曲家です。

しかし、彼の栄光は長続きしませんでした。バッハを時代の主役から引きずりおろしたのは、じつは彼の息子たちです。

特に次男のカール・フィリップ・エマヌエル・バッハは、当時は父親よりもずっと有名になり、バッハは時代遅れの作曲家とみなされていたのです。

けれども、バッハはそのままでは終わりませんでした。作曲家として時代をリードするのではなく指導者へと転身。第二のキャリアを充実させ、周囲からも尊敬されながら生涯を閉じたのです。

積み重ねてきたものを周囲に還元していく

私たちが見習うべきは、バッハのような生き方です。

五〇代からの人生の後半戦は、前半戦と同じようなやり方で世俗的な成功を目指すのは困難です。私は四〇代の一〇年間、がむしゃらに会社経営に邁進してきたおかげで、経営者としての経験値を身につけることができました。経営の基本や難しさも経験を通して理解していますし、経営者の気持ちもよくわかります。

その蓄積を生かし、五〇代の今は当時の経験を振り返りながら、より現実的なアドバイスができるようになったと思っています。

五〇代からは「重ねてきた経験を周囲に還元していく」ような生き方へのシフトチェンジが求められます。第二の曲線に飛び移れば、私たちには幸せで楽しい人生が待っているのです。

STRATEGY 3

独立もできるし、会社にも残れる人になる

――一〇年後、あなたはどうなっていたいのか？

前述したように、シフトチェンジをすれば、五〇代からの人生を充実させることができます。まだまだ人生は長いのですから、五〇代から守りに入るのは早すぎます。

私は二〇一九年に『大人の週末起業』（クロスメディア・パブリッシング）という本を発表しました。

これは定年を目前に控えた同世代の読者に向けて、会社にいながら自分のビジネスをはじめる方法を指南する本です。

出版後、週末起業を目指す同年代の読者から、相談を受ける機会が増えました。そのとき、多くの人は次のように語っていました。

「六〇歳の定年以降も再雇用で働き続けることができるけど、給料も大きく下がるし、若い人たちからお荷物扱いされるだけ。だったら、今のうちに稼ぐ力をつけて、会社から独立して働きたいです」

ところが、です。数年経《た》って同じ人に話を聞くと、みんな一向に会社を辞めようとしないのです。

もちろん会社を辞めるかどうかは個人の自由です。私は、別に退職をあおるつもりはありません。

ただ、少々引っかかるのは、彼らが「本当は辞めたいけど、会社がなかなか辞めさせてくれないんですよ」などと言い訳していたことです。

常識的に考えて、そんなわけがありません。退職届を出せば、会社は簡単に辞めることができるのですから。

六〇歳の人が守りに入って会社にしがみつこうとする気持ちはよくわかります。特に二〇代からずっと同じ会社で働いてきた人は、その会社の社員であることがアイデンティティとなっています。会社を辞めたら自分が何者でもなくなるように思え、不安になるのもうなずけます。

私は三四歳のときに独立しましたが、仮に五八歳の現在まで会社で働き続けていたなら、辞めずに会社にしがみついていたかもしれません。

会社にいれば、減るとはいえ毎月定収入は得られますし、組織に属しているという安心感も得られます。

大企業に勤務している場合は、ある程度経費も使えます。福利厚生も充実しており、セコい話ですが、提携ホテルを割引料金で利用できるなどの特典もあります。そういったもろもろを守ろうと思えば、最後まで会社にしがみつくしかありません。

しかも、今は国を挙げて雇用延長を図ろうとしています。

要するに、年金の支給を遅らせるために、サラリーマンの面倒を会社に押しつけているわけです。

二〇二一年に施行された「改正高年齢者雇用安定法」では、七〇歳まで働けるようにすることが企業の努力義務となっています。

仕事内容や給料に文句をいわず、会社のお荷物としての立場を甘んじて受け入れれば、とりあえず会社に居続けることはできます。

六〇歳は、あっという間にやってくる

でも、五〇歳そこそこで守りに入り、そんな選択を受け入れていいのでしょうか。

体力や気力が多少落ちているとはいえ、五〇歳になったばかりの人は、まだまだいろいろできることがあるはずです。

第一線で仕事をしていれば、会社のインフラを使って人脈をつくる、広げることも可能です。リスキリングもできます。

実際に定年後も会社に居続けるかどうかはともかく、

「しかたなく会社にしがみつく」

というのと、

「独立もできるし、会社にも居続けられる」

というのとでは天と地ほどの差があります。

大事なのは、今から一〇年後の人生計画をしておくことです。会社のインフラも使えるものは使って人生戦略を立てることです。

「今の忙しさ」を理由に、「そのうち考えよう」などといって漠然と過ごしていたら、六〇歳はあっという間にやってきます。

五〇代のはじめ頃に計画を立て、その計画に沿って準備していけば、確実に人生は変わります。

STRATEGY 4

会社の「妖精さん」になってはいけない

――「外の世界」をもっとよく知ること

五〇歳にもなれば、会社内でのポジションや評価もほとんど定まっていることでしょう。私の同世代にも「役員になれなかったし、あまり出世もできなかったな」など、自分のキャリアを悲観している人が少なくありません。

たしかに、一般的に四〇代後半からの出世は難しいとされています。五〇歳時点で部長にもなっていなければ、役員になる可能性は限りなく低いかもしれません。

ただ、役員になれるかどうかなんて、結局のところは運しだいです。もちろん能力もあるでしょうが、同期で役員のポストはせいぜい一つ、二つあればいいほうですから、役員になるのはクジに当たるようなものです。

たとえば、つき従っていた上司が失脚したあおりで、出世競争から脱落してしまう人もいます。

いずれにしても、役員になどなれないのが「普通」なのです。

役員になれなくても、出世できなくても、そこで人生が終わるわけではありません。大事なのは、会社の外にも世界が広がっているという事実に気づくことです。

サラリーマンをしていると、会社からの評価＝自分の評価みたいに感じてしまいがちです。

けれども、実際には会社からの評価など、ごく一面的なものにすぎません。あなたが評価されるフィールドは、ほかにもあるはずです。

「妖精さん」という言葉があります。

職場でこれといった働きをせず、存在感の薄い中高年男性を総称した表現です。大手メーカーの若手社員が、同じ職場の五〇代社員を名づけて以来、一般的に広まったといいます。

毎朝ちゃんと出社するけれども、コーヒーを飲んだり新聞を読んだりしてたいした仕事らしい仕事もせず、手持ち無沙汰に過ごしている。そして、気がつけばいつの間にか職場からいなくなってしまう。

そんな様子を揶揄して「妖精さん」と呼ばれているのだそうです。会社もその存在を持て余しているものの、解雇するわけにもいかず、野放し状態となっています。

それでも、年功序列である程度の給料は手にしているわけですから、若手社員からしたら面白くありません。「こんなおじさんたちがいるせいで、私たちの給料が上がらないんだよ」と、モチベーションを下げる要因にもなっています。なんとも罪深い存在です。

「出世コースから外れた」という一つのチャンス

でも、もしかしたら妖精さんは、まだマシともいえます。

会社では、何もしなくても恨みを買うわけです。余計な口を出そうものなら、邪魔者以外の何物でもありません。

つくればなんでも売れた過去の時代の成功例を持ち出し、「オレたちの時代はこうやったんだ。おまえたちのやり方は甘すぎる！」などと偉そうに説教する……。

これは、最悪の振る舞いです。若い人にしてみたら、「時代も変わっているのに、そんなことといわれても」と当惑するだけです。

会社で先が見えてしまったからといって、ふてくされて若者の邪魔をしている場合ではありません。

五〇代で出世コースから外れた人は、傍流の部署に異動になるケースが増えます。閑職のポストに配置転換になるとか、子会社に出向するなど、意に沿わない異動を告げられることもあるでしょう。

しかし、ここで腐っているのはもったいないと思います。異動先で携わった業務に、定年退職後の起業のネタが見つかることもあります。

たとえば、自動車メーカーでは、自動車を生産したり販売したりする仕事が本業となります。ただ、大企業であるがゆえに、たくさんの子会社を抱えていて、出世を断たれた五〇代が、出向してＩＣＴに関連した新規事業に携わるといったことが起きます。

その仕事にふてくされて取り組む人もいるでしょうが、そこで頑張って新しい知識やスキルを身につけようとする人もいます。もしかすると、これまで持っていた「自動車営業」と「ＩＣＴ」のスキルをかけ合わせることで、自動車評論家の道が開けるかもしれません。むしろ大きなチャンスを手に入れられるかもしれないわけです。


仮に一〇〇年生きるとしたら、あなたの人生はあと五〇年もあるのです。今からふてくされて人生を投げ出すのは、あまりにももったいないと思います。

五〇歳でふてくされたら、残りの人生は苦しくなる一方です。今後の人生を楽しくできるかどうかは、五〇代でどう振る舞うかにかかっていると思います。まずはそのことを強く意識してほしいと思います。

STRATEGY 5

「自分」を過小評価するべからず

――これまでのキャリアを「棚卸し」してみる

五〇代までキャリアを積んだ人には、たくさんの知識、スキル、経験が備わっています。そういった蓄積を生かして活躍する余地は十二分にあります。

にもかかわらず、多くの人が自分のキャリアを過小評価しています。そのせいで、せっかくのチャンスをムダにしています。「自分がこれまでやってきたこと」に、もっと自信を持ってほしいものです。

私は起業をテーマに講演したりスクールで講義をしたりするとき、五〇代の人に向けてこんなふうに話をしています。

「はっきりいいますが、五〇歳でこんなところにきている時点で起業家の適性がありません。適性がある人は、もっと早い段階で独立しているはずです」

そうすると、聞いている人たちは一様に不機嫌な顔をします。続けて私は、次のように話をします。

「でも、ここまで会社員を続けてきたということは、組織人としては間違いなく適性があります。組織の中で、いろいろな制約を抱えながら、利害が異なる人たちの話をまとめ、成果を上げていく。それは誇るべきスキルです」

実際にお世辞でもなんでもなく、日本の会社員には優秀な人が多いと思います。長い年月を通じて獲得してきた知識、スキル、経験には相当なものがあります。今から会社を立ち上げるのは難しくても、個人で仕事をしていくことはできます。

自分の強みや特技、セールスポイントを見つけ出すためには、「自分の棚卸し作業」が不可欠です。棚卸し作業とは、これまでのキャリアを通じて、得意だったこと、好きだったこと、究めてきたこと、人の役に立ったことなどを書き出し、それらをつなげたり関連づけたりしながら、自分がやるべき仕事のヒントを見つけていく作業を意味します。

たとえるなら、自分が背負ってきた荷物をいったん床に並べてみて、使えそうなものを見つけ出すということです。私の周りには、棚卸し作業を行なったことで自分のビジネスを見つけた人が少なくありません。

たとえば、大手証券会社で働いていた人が棚卸しをしたことで、自分が子供の頃からお金に強い関心を持っていたことに気づき、定年後は「お金の専門家」として再スタートを決意したというケースもあります。

自分の強みをどう見つけるか？

棚卸しをする際は、頭で考えるだけでなく、手を使って紙に書き出していくのがおすすめです。書き出すことで、客観的に自分を評価することができます。

それでも自分のよさや強みが見つからないという人は「他人に聞く」というのも一つの方法です。そもそも、仕事を評価するのは自分ではなくて他人です。どんなに自分がやりたいことでも、他人が評価してお金を出してくれなければ仕事になりません。逆にいえば、他人が必要としていることであれば仕事になるのです。

ただし、同じ会社の人に聞くのはダメです。というのも、会社員は同じような人に囲まれて仕事をしています。外に出ればすごい仕事をしているのに、社内では当たり前すぎて、その仕事の価値がわからなかったり、理解されにくかったりすることがあるからです。

自分では当たり前で人並みだと思っていたスキルが、じつは稼ぎのネタになることもけっこうあります。

「私は営業の仕事を続けてきましたけど、特別なスキルも持っていないし、ずば抜けた成果を出してきたわけでもありません」

などと自分を卑下する人がいますが、それは過小評価です。

営業マンでいうと、会社のトップセールスになれなくても、それなりの企業で評価される能力を持っていれば、外にいっても十分通用します。実際に、私が知っている中にも「営業コンサルタント」になって活躍している人がいます。

くれぐれも自分を見くびってはいけません。

STRATEGY

6

六〇歳までに新たな専門知識を身につける

——一〇年あればこれだけのことができる

世の中の五〇代の多くは、定年を迎えることは意識していても、定年後について具体的なイメージができているわけではありません。

どうやら「先のことは定年してから考えればいい」と考えているフシがあります。他人事ながらとても心配です。

特に、仕事に関して、「定年になったら独立して、これまでの取引先のどこからか新しい仕事をもらえばいい」と楽観的に考えるのは危険です。

定年後に新たなキャリアを築こうと思ったら、会社を退職してから準備をはじめるのでは遅すぎます。

というより、辞めてから準備をするのはほとんど不可能といえます。なぜなら、会社を辞めたとたんに、仕事人としての価値が一気に失われてしまうからです。

わかりやすい例を挙げれば、今、会社員であるあなたがいろいろな人に会えるのは「○○社の社員」という肩書があるからです。退職してから「元○○社の社員です」と名乗ったところで、門前払いを食らうのが普通です。

重要なのは、定年後に備えて今から準備をしておくことです。

「その会社にいることで生じている価値」を「自分自身の価値」に転換する作業が必要であり、その作業をするのが五〇代の時間なのです。

五〇歳から一〇年の時間をかければ、相当なことができます。

自分の専門分野を決め、専門家を名乗り、情報発信を行ない、顧客を獲得する。最初はうまくいかなくても、三～五年もかければ「週末起業」を軌道に乗せることができるはずです。幸い、無収入の時期が続いても本業で収入が得られていれば安心です。うまくいけば、本業と同じくらいの収入を得ることも可能でしょう。そうなれば、会社にしがみつく必要はなくなります。

あなたの「市場価値」はまだまだ高められる

お金の面でも、一〇年をかけて堅実に資産形成を行なえば、それなりの運用益を手にすることができます。ＮＩＳＡ（少額投資非課税制度）などを活用して、目標額を決めて積立投資を行なうのも悪くありません。

趣味や勉強を新たにはじめるのもいいでしょう。

「一万時間の法則」という法則があります。ある分野で一流になるためには一万時間が必要だとする考え方です。逆にいえば、一万時間を費やせば、誰でも一流のレベルに達することができるわけです。

毎日三時間弱を趣味に使えば、約一〇年で一万時間に到達します。そこまで時間が使えなくても、一〇年間コツコツと継続すれば、趣味や勉強で相当な成果を出せるのではないでしょうか。

「勉強」という意味では、資格を取得して、その資格を使って経験を積むというやり方もあります。

私がワインのソムリエの資格を取ったのは五〇歳のときでした。ワインが好きで、もっと深く知りたいと考え、資格の取得に挑戦したのです。

おそらく五〇代からソムリエの資格取得にチャレンジして、そこから世界大会などで優勝を目指すのは無謀だと思います。やはり若い人の感性や嗅覚には、とても太刀打ちできません。それでも、一〇年をかけて飲食店などで副業しながら地道に修行を積めば、プロとして活動するのは不可能ではないはずです。

一〇年というまとまった時間をどう使うか。くれぐれも「戦略」にもとづいて計画的に時間を使うことを忘れないでください。

STRATEGY

7

「自分は死ぬまであと何冊、本が読めるだろう」

――限りある時間の密度をどう高めるか

今の年齢からでも、誰だって新しいことにチャレンジできますが、一方で、人生は有限です。ここからは「締め切り」を意識することが求められます。

一つ目の締め切りが、五五歳頃にやってくる役職定年です。

役職定年とは、一定の年齢に達した社員が部長や課長などの役職を退く制度です。役職定年によって、会社は組織の世代交代を図り、人件費の高騰を抑えることができます。役職定年を迎えると、事実上の降格となるわけですから、仕事の変化やモチベーションの低下といった問題にも直面します。もっとも、現在は深刻な人手不足やベテラン社員の士気低下から、役職定年を廃止する動きが見られます。

二つ目の締め切りは、六〇歳の定年退職・再雇用です。

あらためて説明するまでもなく、定年退職は、社員が一定の年齢に達したタイミングで退職となる制度です。現在、定年退職の年齢は六〇歳以上と決められており、六〇〜六五歳と定めている企業が一般的です。

なお、定年年齢を六五歳未満に定めている事業主には、六五歳までの雇用確保が義務づけられています。企業によっては定年退職後に新たな雇用契約を結ぶ「再雇用制度」を導入しています。

三つ目の締め切りは、六五歳の再雇用雇い止めです。

六五歳までの再雇用制度を導入している企業では、このタイミングで完全に会社から離れることになります。

ただし、二〇二一年に施行された「高年齢者雇用安定法」では、七〇歳までの就業機会の確保を努力義務としています。これにより、定年年齢を七〇歳まで引き上げたり、七〇歳までの再雇用制度や、業務委託契約を導入したりするケースも見られるようになっています。

最後にやってくる締め切りが寿命です。

内閣府によると、今から約四〇年後の二〇六五年に、日本の平均寿命は男性八四・九五年、女性九一・三五年になると見込まれています。今後の寿命の延びを踏まえれば、一〇〇歳まで生きる可能性も大です。六五歳で退職したら、二五〜三五年近くを過ごすことになります。

仮に会社を辞めたあとに個人で仕事ができたとしても、さすがに九〇歳まで現役をまっとうするのは難しいでしょう。平均寿命の前に健康寿命（健康上の問題で日常生活が制限されることなく生活できる期間）のリミットがありますから、それなりに活動できるのは八〇歳くらいまでかもしれません。

のうのうと生きている暇は、もうない

しかも、年を経るごとに、充実して過ごせる時間は限られていきます。

前述したように、私が会社を独立してフリーランスになったのが三四歳のときです。

当時は睡眠時間を削り、名刺を一〇〇〇枚つくって三カ月で配り切るといったやり方で人脈を広げていました。非常に密度の濃い時間を過ごしていたという実感があります。

今ではとてもそんな働き方は不可能です。

たとえば冷蔵庫の買い換えのタイミングは、一般的に約一〇年とされています。

ふと、「自分はあと何回、新しい冷蔵庫をわが家に迎え入れるのだろう」なんて考えるときがあります。

また、「自分は死ぬまであと何冊、本が読めるだろう」なんてことを考えることもあります。

これからは締め切りを意識しながら、貴重な時間を楽しく有意義に使っていく必要があります。人生の後半を楽しく有意義にできるかどうかは五〇代で決まります。

STRATEGY 8

もう「競争」をモチベーションにしない

——「人との比較」が道を誤らせる

若い頃は「同期よりも出世したい」とか、「平均よりもいい暮らしをしたい」というモチベーションで頑張ることにも、それなりに意味があります。

けれども、五〇歳をすぎてまで人と比べて一喜一憂するのは、みっともなくて痛々しいだけです。

私は通っているスポーツジムで中高年の人たちと一緒になることがあります。

その中には、もう七〇代だというのに、いまだに「〇〇商事の取締役までやったんだ」「〇〇大学で同期に政治家の〇〇がいたんだ」などと自慢する人がいます。聞いているこっちが恥ずかしくなります。

そういう人は、〇〇商事の取締役、〇〇大学のOBだったという以外に、人生において誇れるものが一つもないのかもしれません。会社や大学にすべてのアイデンティティをゆだねているから、いつまでも過去の肩書にしがみつくわけです。

ジムでは何かにつけて他人と比較して、いちいちマウントを取ろうとするタイプの人にも遭遇します。


「ゴルフシミュレーターの飛距離が〇〇ヤード」

「スクワットが〇〇さんより何回余計にできる」

「自分のほうが血圧の数値が低い」

「息子が〇〇大学に入った」

「娘の夫が〇〇社の社員」

そんなどうでもいいことを誇っているのです。

マウントを取りたがる人は、ずっと他人との比較の人生を送ってきたのでしょう。そうすることでしか自分の価値を確認できないのかもしれません。

当然ですが、他人と比べたがる人はジムの中でも嫌われています。誰からも相手にされず、やがて孤立していきます。「こんなふうになりたくないな」と、つくづく思うのです。

これから、あなたを評価するのは会社ではなくなる

前述と矛盾するようですが、五〇代にもなったら「自分などたいしたことはない」という自覚を持つ必要があります。自分を卑下するのではなく、謙虚な気持ちを持つということです。

若い頃は、自分の力だけでのし上がってきたように思いがちですが、それは錯覚です。一人ひとりの力に大した差はなく、たまたま運がよかったり、周りの人の引き合いがあったりして現在の地位を得たというだけなのです。

自分の力でのし上がってきたと思うからこそ、他人を平気で蹴落とそうと考えたり、

出し抜こうとしたりして、どんどん嫌な人間になっていきます。

「自分の力なんて知れたものだ。みんなのおかげで、なんとかここまでくることができたんだ」

そんなふうに感謝の心、謙虚な心を持てば、誰かにマウントを取ろうなどとは思わないはずです。

人の幸せは仕事の成果だけで決まるわけではありません。

人生の後半であなたを評価するのは、会社ではなくなります。年を重ねるにつれ、家族や友人、趣味の仲間、地域の人たちへと変わっていきます。要するに、定年退職後の長い人生の幸不幸を決定づけるのは周りの人間関係なのです。

人間関係を良好にしようと思ったら、誰かと比較してマウントを取るなどもってのほかです。今から人と比べる生き方からのシフトを図りましょう。

目指すべきは、いい人たちに囲まれて幸せな人生を送ることです。

STRATEGY
9

仕事は、頼まれごとがあるうちが華

――何かを求められたら喜んで応じてみる

人生後半戦は、好きなことで勝負するよりも、「周囲の人からの求めに応じる」というスタンスにシフトすることをおすすめします。

おかげさまでベストセラーとなった『週末起業』（二〇〇三年／ちくま新書）という本を書いた頃、私は「好きなことを仕事にしよう」と提唱していました。

「どうせやるなら好きなことがいい。好きなことをしないと続かないよ」と。

もちろん今でもそう思っています。三〇代、四〇代には今でも同じようにアドバイスしますが、五〇代の、週末起業を考える人たちに向けては、「好きなことよりも、できることをしましょう」と話しています。

「できること」とは何かというと、「人から求められること」「人から望まれること」です。もっと簡単にいうと「頼まれること」「お願いされること」です。

もちろん、週末起業の事例の中には、好きなことを仕事にした人がいます。たとえば、趣味のバドミントンをネタにスポーツ用品店をはじめて成功した人や、趣味のボディビルディングの経験を生かしてパーソナルトレーナーになった人もいます。

けれども、週末起業で成功している人の七〜八割は、本業の延長で仕事をしています。特に五〇代で成功した人はほとんどがそうです。

そして成功している人たちは、人から頼まれたことに誠実に、全力で応えています。それが口コミでどんどん広がっていき……というケースが大半です。

本業では何十年もかけて専門的な知識やスキルを積んできたわけですから、当然といえば当然です。誰だって実績を持つ人に仕事をお願いしたいと思うのが自然です。

結局は、頼まれごとから仕事が広がる

週末起業だけでなく、五〇代は、職場でも頼まれごとに応えることが大事です。阪急電鉄をはじめとする阪急グループの創業者であり、宝塚歌劇や東宝などを設立したことでも知られる小林一三は、次のような言葉を残しています。

「下足番を命じられたら、日本一の下足番になってみろ。そうしたら、誰も君を下足番にしておかぬ」

頼む側は、この人には無理そうだと思う仕事は頼みません。やってくれそうだと思うからこそ頼むわけです。

頼まれごとに全力で取り組めば、その姿は誰かが絶対に見てくれています。期待に応えてくれる人だと認められれば、次のチャンスを得ることもできます。会社を退職後も、ずっと業務委託として仕事をもらえる可能性だってあるわけです。

私自身も、「結局は頼まれごとから仕事が広がる」という経験を何度となくしています。Amazonの書評を書いているうちに書評が仕事になり、そこから出版社や著者とのおつきあいが広がり、「本を書きませんか?」といわれたこともありました。また、著者と出版社を結びつける目的で著者会を開催していた時期もあります。これも自分がやりたくてしたというより、「こういう集まりってできませんか?」と頼まれたのがそもそものはじまりでした。

今は頼まれごとに応えようとする気持ちがさらに強くなっています。

四〇代までは、ブランディングを意識して、オファーをいただいた仕事をお断りすることも少なくありませんでした。でも、五〇代になってからは「せっかく声をかけてくれたのだから、やろうかな」と考えるようになりました。

求めに応じるうちに、経営の仕事から教える仕事へとシフトしていき、今は大学の公開講座で週末起業の講義を受け持ったりしています。

いつか、どんなに望んでも頼まれないときはくるのですから、それまでは応えられる自分でありたいと思うのです。

STRATEGY 10

「悠々自適の生活」なんて二〇年早い

――あなたの「存在価値」はどこにある？

「定年を迎えたら落ち着いた暮らしをしたい」
「のんびり自由に、旅行や趣味など好きなことに専念したい」
「本を読んで、家庭菜園を楽しむ晴耕雨読の生活がいいな」

五〇歳くらいの人から、そんな話をよく聞きます。読者の中にも、落ち着いた暮らしに憧れている人も多いことでしょう。みんな仕事や子育て、介護で疲弊しているのかもしれませんね。

でも、落ち着いた暮らしをするのはまだまだ早いです。

最初に書いたように、私は五一歳のときに会社を後継者に託し、経営の一線から退きました。しばらくは、平日の昼からジムにいったり、旅行をしたり、ゴルフに興じたりしてマイペースで過ごしていました。

なんてうらやましい生活、と思われるかもしれません。私も最初は悠々自適の生活が手に入ったと喜んでいました。

けれども、時間が経つにつれ、心の中で違和感が膨らんできました。「あれ、全然楽しくないな……」「思っていたのと違う」と感じるようになってきたのです。

妻も子供たちも、それぞれに出かけていく場所があり、充実した時間を過ごしています。

それに引き換え自分はというと、平日の昼間から一人でフラフラしているのです。一人だけ社会から取り残されたような気分です。

つきあう人たちの顔ぶれも一変しました。同世代の知人や友人は毎日仕事に明け暮れているので、せいぜい週末しか一緒に遊べません。

平日の昼間からジムで汗を流したり、旅行にいったりしているのは、ほとんど七〇歳以上のシニア世代です。

人から感謝されないと人生はむなしくなる

もちろん年上の友人には尊敬できる人もいます。でも、四六時中、七〇オーバーの人たちに囲まれて生活していると、自分まで年を取ってしまったような感覚に襲われます。こんな状況が何十年も続くと思うと、怖くなってきました。ゴルフをしていても心から楽しめませんでした。

理由は「人から感謝される機会が少ない」からだと思います。

人は「ありがとう」といわれたときに自分の存在価値を自覚します。特に、社会と関わってなんらかの価値を生み出し、感謝の形として金銭を受け取るときに、やりがいや生きがいを感じるわけです。

落ち着いた暮らしをしていたら、どうしても「ありがとう」といわれる機会が減ります。

そもそも、私たちは会社を辞めてからも長い人生を生きていかなければなりません。六〇歳で定年退職を迎えた人が、一〇〇歳まで生きようものなら、残りは四〇年もあるわけです。

特別に贅沢をしなくても、生きていくにはお金が必要です。六五歳から年金が支給されるとはいえ、四〇年も落ち着いた暮らしを続けるのは無理があります。

しかも、深刻な少子高齢化により、年金制度は危機に瀕しています。今の五〇歳くらいの世代からは「年金支給七〇歳時代」が到来するとも予測されています。

そう考えると、やはり、六〇代からも働いて稼ぎ続けることが求められます。

どうせ働くなら、自分が必要とされる仕事で人から感謝されながら働きたいものです。

そのためには五〇代から入念に計画と準備をする必要があるのです。

STRATEGY

11

若者へは、口を出さずに金を出す

——好かれる五〇代、嫌われる五〇代

「お金がない人間は、やはり魅力が薄れます」

などというと拝金主義者だと誤解されそうですが、「お金を持っている人が偉い」といっているわけではありません。

ここでいいたいのは、五〇代になったら、特に若い人へは、お金くらいでしか貢献できる場面、方法がなくなるということです。

わかりやすい例を挙げましょう。

あなたが二〇代の若手社員だった頃を思い出してください。

あなたは職場の人たちと飲み会をすることになりました。席につき、若い者同士で楽しく話していたら、五〇歳のA部長がやってきて、仕事のアドバイスをはじめました。

A部長の話にはもっともな内容も含まれているのですが、ときには「違うんじゃないの」「古いんじゃないの」と思うこともあります。でも、正面切って反論するわけにはいきません。みんな神妙な顔をして話を聞き続けます。

さて、その飲み会にはA部長と同期のB部長も参加していました。B部長は、自分のことはあまり話さず、みんなの話をニコニコと聞いています。やがて一次会がお開きとなり、希望者は二次会のお店に向かうことに。

B部長は、一次会の参加費とは別に、若手の一人にお金を渡してこういいました。

「これを足しにして、みんなで楽しくやって」

二〇代の若手にとって、どっちの五〇歳が魅力的に映るか、という話です。

ケチな五〇代に魅力なし

残念ながら、五〇歳というのは、もはや若手と一緒に楽しく食べたり飲んだりするのが難しい年齢です。それより、シンプルにお金を出してあげたほうがよっぽど喜んでもらえるわけです。

これは、お金を出すという話に限りません。頑張っている若者を応援しようと思ったら、とても有効なのは、その若者に仕事を発注してあげることです。

私自身、起業家の支援をしていて、一番喜ばれるのは、商品を買ったりサービスを使ってあげたりするときです。

たとえば、若いソムリエさんが一生懸命頑張っているのを見たら、応援の気持ちを込めて高いワインを注文する。ヨガのトレーナーとして独立して奮闘している若者がいたら、お金を払ってレッスンを受ける。そうやってお客になってあげることが、先輩の務めではないかと思うのです。

余談ですが、行政の起業支援に矛盾を感じるのは、税金を使ってセミナーを開催したり開業資金を助成したりする割に、その中から起業した人が生まれても、その人の商品やサービスを使おうとはしないことです。単純にお金をあげるよりも、お客になってあげることのほうが大事な支援ではないでしょうか。

話を戻しましょう。

お金を出して若者を応援するのは、元手が必要となります。投資をしてお金を増やすことも大事ですし、仕事をしてお金を稼ぐことも大事です。

ベストセラー『女性の品格』（ＰＨＰ新書）の著者で昭和女子大学理事長・総長の坂東眞理子さんは、『与える人「小さな利他」で幸福の種をまく』（三笠書房）という本の中で、健康寿命だけでなく「貢献寿命」も延ばすことの大切さを語っています。

要するに、健康寿命だけ延ばしても、社会とつながって社会に貢献できなければ、長生きの甲斐がないということです。貢献寿命というのは素敵な概念だと思います。

仕事を通じて社会に貢献し、対価としてのお金を稼ぐ。稼いだお金を使って、若者を応援するなどして社会に貢献する。そうやって社会に貢献する時間をできるだけ延ばしていきましょう。

STRATEGY 12

「忙殺」されている五〇代は二流

――「自分でやる」から「人に任せる」働き方へ

人間、持って生まれた能力は人それぞれ違います。苦手なことを頑張ってもうまくいきません。時間を有効に使うためには、もう苦手なことは人に任せて得意なことに集中するのが一番です。

私にはもともと自分の能力が突出して高いという自覚がありません。他の人のほうができると思うことは、「任せすぎ」といわれるくらいに他人に仕事を任せてきました。

任せることでずいぶんラクをさせてもらいましたが、それ以上に人が育ったのではないかと密かに自負しています。

仕事を任せるときには、まず「本人にやる気があるかどうか」に着目していました。本人にやる気があって、この人なら絶対にできそうだと思える仕事を任せることを徹底していました。

やる気がない仕事を押しつけても本人を苦しめるだけですし、効果も期待できなくなります。人に仕事を頼むにあたっては、日頃から相手の興味・関心を理解しておき、相手が興味を持ちそうな仕事を用意してあげる必要があります。

仕事を任せたら、余計な口出しはせず、しかし責任は取るという姿勢も大切です。私も任せた以上は、失敗しても叱らないと心に決め、失敗の責任はすべて取るつもりでいました。

仮に途中で口を出したところで、自分の思いどおりにはなりません。だったら、のびのび好きにやらせたほうがいい結果につながります。

今は、仕事を任せることは成果を出すためだけではなく、一種の社会貢献であると感じています。

すべての仕事を自分でこなせば、自分に負荷がかかる代わりに取り分はすべて自分のものとなります。

でも、みんなに仕事を分け与えれば取り分もシェアすることができます。

たとえば、何かの記事の執筆依頼がきたとき、全部自分で書くこともできますが、あえてライターにインタビューと執筆をお願いすれば、ライターさんの仕事が生まれます。それが経済を回すことにつながります。

そんなふうに、いろいろと仕事を任せることで、処理できる仕事量がどんどん増えていきます。結局、前よりも自分の取り分も増えました。

「自分でやったほうが速い」病

だから、私は起業を目指す人たちにも「全部自分でやろうとするのはやめましょう」と教えています。忙しくて勉強会に出られないとか、交流会に参加できないという起業家は仕事を抱え込む人です。成長は見込めません。

本当にいい仕事をする人は、仕事をどんどん任せることでゆとりのある生活をしています。プライベートも充実しているから、相乗効果でクリエイティブな仕事ができるのです。

今は働き方改革で仕事の属人化を解消し、お互いに情報を共有しながらチームで成果を出す働き方が求められるようになっています。

あなたの職場でも情報共有ツールの活用や、マニュアルの整備が進んでいるかもしれません。

五〇代がこの流れに抵抗して「自分でやったほうが正確で速い」「このお客さんは自分にしか対応できない」などとしがみつくのは時代遅れです。

独立・起業するにせよ、会社に残るにせよ、五〇代になったら、「自分でやる」働き方から「人に任せる」働き方にシフトしていきましょう。

結果を出す人は、上手にいろいろな人の助けを借りています。仕事を抱えて汲々としているなら、人に任せる力を磨くべきだと思います。

STRATEGY

13

あなたは、次の世代に何が残せるか

――「余計なお世話」と思われたとしても

五〇代になって「テイク」一辺倒というのは、ちょっとさびしい生き方です。残りの会社人生で何を「ギブ」できるかも考えてほしいと思うのです。

23ページで言及した「結晶性知能」を生かす視点に立てば、自分の経験や知識を次の世代に伝えていくことは重要な使命といえます。

日本能率協会が実施した「2023年度 新入社員意識調査」によると、理想だと思う上司、先輩の第一位は、「仕事について丁寧な指導をする上司・先輩」（七九・〇％）となっています。

私が新入社員だった頃は「仕事は見て盗め」という言葉が使われて、上司は部下に仕事を見せて教えるマネジメントが主流でした。

でも、今の若者は丁寧に教えてほしいと思っています。言葉を尽くして教えてあげる必要があります。

幸いなことに、今の私は、起業をしたいと考える人に対してコンサルティングや勉強会で教える機会を得ています。こちらから知識や経験を押しつけるわけではなく、人から「教えてください」と請われてから教える仕事なので、とてもやりがいがあります。

また、こうして次世代の読者に向けて本を書くことができているのも、本当にありがたいことです。本は残り続けますから、過去に執筆した本を読んでくださった読者から「あの本を読んで勉強になりました」と声をかけていただく場面もあります。これほど嬉しいことはありません。

たくさん本を書いてきた経験から、「どうすれば本の出版ができるのですか?」と相談を受けることも少なくありません。

あえてビジネスにはしていませんが、目次の書き方やプロフィールのつくり方、企画書の書き方などについてアドバイスを行なう活動もしています。過去には、出版を目指す人を集めて勉強会を開催していたこともありました。

伝えるべきことがあるならば、伝えよう

「昔とは時代が違うのだから、自分が何をいっても煙たがられるだけ」

「役にも立たない教訓を垂れるのはみっともない」

同世代には、そんなふうに萎縮している人が少なくありません。前に、五〇代にもなったら、若者には口を出さずに金を出すのがいい、と書きました。でも、あんまり縮こまりすぎるのも考えものです。ときには、嫌われるのを覚悟して、いうべきことをいう必要もあります。

私の経験上、若い頃に「うるさいな。余計なお世話だ」と思っていたアドバイスが、

今になってじわじわと効いてくるのを感じることがあります。どうせ五〇代は煙たがられて当たり前なのです。伝えるべきことがあるなら、遠慮せず、萎縮せず、伝えておくべきではないでしょうか。

大事なのは「伝え方」だと思います。上から決めつけたり、偉そうであったり、説教じみていたりするのはNGです。謙虚に、丁寧に伝えることが重要です。

自分が話した内容の、何が下の世代に刺さるのかはわかりません。

私はいろいろなコンサルタントの発言を聞くのが好きなのですが、著名なコンサルタントの中には、とにかくいろいろな場で多種多様な発言をしている人がいます。あとになってから、現実になったことだけを切り抜いて「ほら、私がいったとおりでしょ」と語っているケースが多々あります。そのコンサルタントを非難したいわけではなく、そういうものだと思います。

私自身も、自分ではいつ話したのか、どの本で書いたのか忘れているようなことを、感謝されるときがあります。

「この藤井先生の言葉が心に響いて、今も大切に守っています。この言葉で人生が変わりました」

と。

面はゆいですが、嬉しいことには変わりありません。

いずれにせよ、向こうが必要に応じて勝手に解釈してくれたのです。チャンスがあれば、〝自主規制〟をせず、そのとき伝えたいことを伝えておけばいいと思います。「残そう」なんて思わなくても、残る言葉は残ります。

2章

10年後を見すえて、人間関係を再構築する

——肩書を脱ぎ捨て、いまやるべきこと

STRATEGY

14

「社縁」などアテにならない

――五〇代からの「人間関係のシフト」

ハーバード大学が約八〇年にわたって行なった調査（ハーバード成人発達研究）によると、人生に最大の幸福をもたらすのは「いい人間関係」なのだそうです。

この章では、

「五〇代からの〝人間関係のシフト〟」

についてお伝えしたいと思います。

現在、五〇歳くらいの人は、長時間労働や職場の飲み会が当たり前の時代を経験してきました。

ですので、「人間関係が会社だけ」の人が少なくありません。

会社にいけば気心の知れた仲間がいて、一緒にいると気分がラク。あえて社外にコミュニティをつくらないまま今に至る、という感じでしょうか。

会社の人と仲よくやるのも結構ですが、その人間関係がいつまでも続くと思わないほうがいいと思います。

たとえば、会社を辞めたあと、その会社から業務委託という形で仕事をもらうケースがあります。

このような形で会社とつながり続けるのは理想的です。私も独立を考えている人に対して推奨しています。

一方で、私自身は独立して前職とはまったく無関係の仕事をするようになりました。

というより、会社の仕事が合わないから辞めたともいえます。会社を辞めてまったく違う仕事をはじめたら、会社の人とは全然会わなくなりました。

今も特に前職の人とのつきあいはありません。ときどき会いにくる人は前職を辞めた人ばかりです。「私も辞めたんですよ」などと挨拶にくるのです。

会社の人間関係はいつか終わる

つまり、「会社の人間関係は、結局のところ仕事上のつながり」にすぎないのです。仕事が続く限りは人間関係も続きますが、仕事がなくなれば会う必要もなくなります。お互いに用事がないからです。

私もけっして会社とケンカ別れしたわけではありません。それでも会わないのは、仕事のつながりがないからです。会う必要がないということです。

会社の人とずっとつながりたいと思ったら、方法は二つしかありません。

一つは一緒に仕事をし続けること。

もう一つは仕事を超えた親しい友人関係をつくることです。

それをしないまま、なんとなく会社の人とつながっているつもりでいると、会社を退職したとたんに人間関係は途切れます。

さびしいからといって、途切れた人間関係を何とかつなぎとめようとして、たいして親しくもない同期を飲みに誘ったり、OB・OGのゴルフコンペに参加したりする人もいます。

でも、そんなことをしても楽しくはないはずです。

社縁はアテにならない。まずそのことを肝に銘じる必要があります。

STRATEGY

15

愛想のいいおじさん・おばさんになる

——五〇代は「性格」を変えるラストチャンス

社外に縁をつくるには、ボランティアや趣味のコミュニティに参加するのが一般的です。ボランティアなどは、社会貢献ができるという意味ですばらしい取り組みだと思います。

また、手軽に参加でき、「損得抜きの人間関係」がつくりやすいという点では、趣味のコミュニティもおすすめです。趣味や嗜好が同じ人とは価値観が合うので、早めに仲よくなれるメリットもあります。

ただし、一つ注意してほしいポイントがあります。

五〇代くらいになると、趣味でつながっていた人間関係が、ちょっとしたことで途切れてしまう恐れがあるのです。

たとえば、趣味のサークルで会っていた友人が、親の介護でこられなくなる、というのはよく聞く話です。配偶者や本人が病気となり、もはや趣味の集まりどころではなくなる場合もあります。最悪のケースでは、亡くなる友人も出るような年代なのです。

つまり、五〇代の私たちには否応なしに友人が減ってしまうリスクがあります。だから「ストック」だけではダメで、「フロー」をつくる必要があります。今現在、友人に囲まれているからといって安心せず、絶えず友人、知人を増やしていかなければならないのです。

大事なのは「友人や知人を増やせるような仕組みを構築する」ことです。「仕組み」というと、ちょっとシステマチックに聞こえて嫌かもしれませんが、要するに、新しい知り合いが増えるような習慣を身につけることが肝心です。

私はスポーツジムで高齢の先輩とおつきあいする機会が多いのですが、よく見ていると高齢者のタイプは大きく二分されます。若い人と積極的に関わって仲よくできるタイプと、ひたすらストイックに自分の世界に入り込み、誰とも関わろうとしないタイプです。

本人が好きでやっていることなので、どちらがいいとか悪いというつもりはありません。でも、どちらが幸せそうに見えるかといったら、やっぱり若い人とフラットにつきあい、いつも笑顔で楽しそうにしている人です。

無愛想な人間は、相手にされなくなる

楽しそうに若者と関わる人たちの振る舞いを観察していると、初対面の人にも笑顔で挨拶をしている姿が共通しています。挨拶は基本中の基本といえます。

かくいう私自身は、もともとストイックに一人で黙々と取り組みたいタイプの人間です。でも、それでは孤立してしまうと思い直し、意識的にいろいろな人に声をかけ、挨拶をするように心がけています。

挨拶の重要性を意識するようになったのは、会社を辞めて起業してからです。会社員時代は、多少無愛想でも問題なく仕事ができていましたが、起業してからは生きていくためにいろいろなコミュニティに参加して、仲間を増やす必要に迫られました。

そこで、恥ずかしくても照れくさくても、自分をさらけ出し、笑顔で人と接する力が身につきました。

ジムでは、同性はもとより異性のグループに入っても違和感なく溶け込み、楽しそうにしているおじさん・おばさんがいます。ああいう人たちは地元のグルメやイベントなどにも精通していて、とにかく楽しそうです。あれこそ自分が目指すお手本だと考えています。

最近思うのは、挨拶はあくまでも最初のステップであり、挨拶のあとに一言つけ加えられるかどうかがカギであるということです。たとえば「こんにちは」のあとに「今日はいい天気ですね」「今日は桜がきれいですね」と一言つけ加える。そこから会話が発展し、仲よくなれることが多いのです。

別に中身のある話なんてしなくていいのです。大事なのは、とにかくちょっとした会話をすることです。

最初は「毎日暑いですね」でも、「今日も大谷君が頑張っているみたいですね」でも、なんでもいいと思います。

当たり障りのない会話で、相手と距離を縮めることができたら合格です。そんな努力を続けていれば、人間関係は広がっていくはずです。

六〇代とか七〇代になったら、「性格」を変えるのは相当難しくなります。五〇代は性格を変えるラストチャンスかもしれません。

「自分はまだ若い。若いからチャレンジできるんだ」

そんな気持ちで、いろいろな人に話しかけ、損得抜きの人間関係をつくっていきたいと思っています。

STRATEGY 16

上手に義理を減らしていく

――誰と、どこまでつきあうべきか

中高年の生き方を指南する類の本には、ほとんどといっていいくらい、「義理に縛られず、人間関係を整理しろ」といった教えが語られます。

日本には冠婚葬祭をはじめとするさまざまなおつきあいがあります。いちいち贈り物やご祝儀などを振る舞っていたら、経済的な負担も相当なものになります。ですから、「義理を減らす」という考えに、あえて異を唱えるつもりはありません。私自身も、あまり義理や腐れ縁などに縛られず、結構自由に生きてきました。

現実に世の中からは「義理」が急速に廃れています。博報堂生活総研「生活定点」調査によると、「お歳暮は毎年欠かさず贈っている」と答えた人の割合は二二・四％（二〇二二年）。一九九四年と比較すると、じつに三九・四％も減少しています。

年賀葉書の発行枚数は、二〇〇三年の四四億五九三六万枚をピークに減少を続けており、二〇二二年には一六億四〇〇〇万枚にまで落ち込んでいます。私も「年賀じまい」の挨拶をいただく機会が増えました。もはやお歳暮や年賀状は出さないのが当たり前となりつつあります。

結婚式も減ってきました。マイナビウェディングの調査によると、二〇二三年までの一年間に結婚したカップルのうち、結婚式を挙げた人の割合は四五・三％。二〇代では三〇％強にとどまっています。

その一番の理由は「他のことにお金をかけたかった」となっています。結婚式がなくなれば、式に出席したり、ご祝儀を包んだりするつきあいもなくなります。

お正月に親戚一同で集まらず、家族だけで過ごすということになれば、お年玉の風習も廃れていくかもしれません。

意味のないイベントは仕舞いにする

職場でバレンタインにチョコレートを渡す慣習などは、風前の灯火《ともしび》となっています。Job総研の調査では、二〇二三年に職場でバレンタインデーのプレゼントを渡さないと答えた人は、八一・三%にのぼっています。

私が経営していた会社でも、バレンタインの義理チョコは禁止しました。バレンタインは贈るほうもお返しするほうも大変です。義理チョコ禁止などは時代の流れといえます。

このように普通に生きているだけでも義理を果たす機会が減っているわけですから、今後は「意味のないイベントは仕舞いにする」「最低限の義理つきあいを保つ」という考えにシフトしていくのが合理的、というか、いたって自然なことではないでしょうか。

とはいえ、誰とどこまでつきあうかは個人の自由です。自分で優先順位をつけて整理していく、ということに尽きるのではないでしょうか。

STRATEGY 17

昔の友とは「淡交」でゆく

――「さっぱり」でも「温かく」がいい

地元の友人や、学生時代の友人など、心を許せる友達と定期的に会い、旧交を温める機会を持つ。そんな機会が年に一、二度もあれば十分幸せではないでしょうか。昔からの友人は大事にしたいものです。

あなたが若い頃は、友人の活躍に刺激を受ける一方で、ライバル視したり、ときには嫉妬をしたりしていたのではないでしょうか。

三〇～四〇代が友人に会うと、「子供が〇〇大学に進学した」とか「アメリカに留学した」とか、「家を買った」「部長に昇進した」といった会話を交わすこともあります。お互いにマウントを取るつもりがなくても、近況報告をすると、どうしてもそんな話題になりがちです。

そういう話を聞くと、ついつい自分と比較したくなるのが人情です。

「あいつは家を買ったのに、自分はまだだな」

「あいつより、自分のほうが先に部長に昇進できた」

と考え、一喜一憂します。

けれども、五〇代になると、威勢のいい話はしだいに減ってきます。

「俺はまだなんとか会社に残れているよ」

「親の介護が大変でさ」

「肩が痛くてどうしても上がらないんだよ」

こんな話が多くなります。

もはやライバル視というよりも「同病相憐む」という感じです。

互いに元気でいればすべてよし

特に私の場合は、早々に会社を辞めてしまったため、会社員の友人と置かれている境遇が違いすぎて比較の対象にもなりません。正直なところ、友人の会社の話を聞いても「ふーん」としか思えないのです。今では、友人とはお互いに面倒な話をせず、素直にフラットにつきあえるようになってきました。

「いろいろあるけど、元気そうでよかったね」

「家族も元気なら、それはいいことだ」

と、こんな具合に、お互いとお互いの家族の健康を称え合えればいいという感じです。年を取ると、お互いに何もなかった若い頃に戻っていく――。そんな感覚さえあります。昔の友との関係がすばらしいのは、そういうところではないでしょうか。

友人とは必要以上にベタベタせず、お互いの近況や健康を確認するだけでいい。そんなさっぱりしていて温かい関係が理想です。

STRATEGY 18

異性問題で墓穴を掘るな

――五〇代の三人に一人が不倫している!?

いい年をして異性問題を起こす人の話は頻繁に耳にします。

「ジャパン・セックスサーベイ 2020」によると、五〇代で「現在不倫をしている」と答えた人は、男性三五・五%、女性二七・四%となっています。

若い世代よりは低い数字とはいえ、五〇代の約三人に一人が不倫していると考えると衝撃的です。

五〇代で不倫をする理由は、

「お金と時間に余裕ができる」

「夫婦関係が冷え切っている」

「もう一度恋愛のドキドキを体験したくなる」

などがありそうです。


でも、不倫は純粋に倫理的な問題がありますし、バレれば離婚のリスクも高まります。同居期間別にみた離婚件数の年次推移（二〇二〇年、厚生労働省）を見ると、同居期間二〇年以上の熟年離婚の件数は三万八九八一件。離婚総数一九万三二五三件のうち、約二〇％となっています。

もちろん、不倫だけが離婚に直結するわけではありません。どうしても、性格の不一致が解消できないとか、一方が家にお金を入れないとか、ＤＶ問題などの理由があるなら、離婚を機に人生をやり直すのも一つの方法です。

けれども、不倫がバレての離婚は悲劇です。配偶者から慰謝料も請求されますし、不倫相手と再婚をしたカップルの場合、どちらかの不倫によって関係が破綻するケースが多いとも聞きます。いずれにせよ、最終的に待っているのは孤独な老後です。あくまで本人の倫理観の問題ですが、そんなリスクを背負ってまで、不倫をする価値があるとは到底思えません。

セクハラのリスクはあまりにも大きい

異性問題といえば、セクシャル・ハラスメントにも注意が必要です。

ネットニュースでは毎日のように五〇代のセクハラが報じられています。今、試しに検索しただけでも「県立病院の五〇代男性職員 セクハラ行為で停職三か月」「五〇代男性教諭 授業中に生徒にセクハラ発言」「五〇代市職員が他の職員にセクハラ」といった記事がヒットしました。

教員や市職員だからこのようにニュースになるわけで、民間企業ではニュースにさえならないセクハラが日々起きているのかもしれません。

五〇代の男性上司が二〇代の女性部下を食事に誘う。親と子ほど年齢が離れていますから、女性のほうは「まさか自分に下心を持つはずがない」と考えている。でも、男性は自分に気があるものと勘違いし、「このあとホテルにいかない？」などと誘う。最終的に、女性からセクハラで告発される。

「自分が結婚してなくて、独身なら問題ないだろう」と考える人もいるようですが、上司という立場を利用して相手に関係を迫るのは完全なセクハラです。

セクハラで懲戒解雇されようものならお先真っ暗ですし、会社に残っても針のむしろに座るだけ。かといって、君子危うきに近寄らずの精神を徹底していると、「上司から無視されている」「私だけ重要な情報が入ってこない」などと訴えられる可能性もあるので注意が必要です。

あなたが独身だとしても、会社でパートナーを探すのはやめるほうが無難かもしれません。マッチングアプリを利用するのが妥当でしょう。マッチングアプリは会員登録をして、プロフィールや自己紹介文を作成し、学歴、職業などの情報をもとにお互いを評価。マッチングが成立すれば、メッセージのやりとりが可能となる仕組みです。

登録しても全然マッチングしないのなら、それが「市場評価」ということです。評価されるために、写真やプロフィールを工夫し改善していくしかありません。仕事でやっているPDCAと同じです。

STRATEGY 19

家族とは「つかず離れず」を理想とする

――『家族という病』が教えてくれること

「定年後は夫婦水入らずの人生、家族第一の人生を送ろう」

こんな見通しを持っている人も多いでしょう。

それもいいですが、家族といえども違う人間です。これまでそれほど家庭を顧みなかった人が急に家族にべったりしがみついても、うっとうしがられるだけです。むしろかえって不幸な未来を迎えることにもなりかねません。

およそ一〇年近く前、『家族という病』（下重暁子／幻冬舎新書）という本がベストセラーとなりました。下重さんがこの本で訴えたのは、「家族というのは無条件ですばらしいものなどではない」ということです。

日本人は「一家団欒《だんらん》」という言葉に憧れを抱き、家族は仲よく暮らさなければならないと思い込んでいます。けれども、現実には毒親、相続争いなど家族をめぐる事件やトラブルが多発しています。

下重さんは、家族の幸福は幻想であり、家族はしょせんは個人の集まりにすぎないと喝破したのです。

私の場合、夫婦仲は良好だと考えていますが、妻と四六時中一緒に過ごそうとは思いません。お互いの趣味や人間関係や一人の時間を尊重し、適度にともに行動したり助け合ったりして暮らすのがベストだと思っています。

配偶者はもとより、親といえども結局は他人です。振り返ると、私が両親と一緒に生活していた時期は、たかだか二〇年ちょっとです。すでにその倍近くの年月を別々に過ごしています。離れて暮らしても親は親ですが、正直なところ、親がどういう人なのかと問われても正確に答えられる自信がありません。

「家族とはこうあるべきだ」が不和を生む

これは私の子供にしても同じです。なんでもかんでも「親だから、子供だから」の言葉で片づけてはいけません。

だから、私は子供にも頼ろうとは考えていません。子供には子供の人生があります。

「長男が家業を継ぐのが当たり前」
「子供の結婚相手に親が口出しする」
「財産を相続させる代わりに、老後の面倒をみてもらう」

今どきこんな価値観を振り回すのは時代遅れです。押しつけようとしても無理に決まっています。

子供と一緒に暮らしてきたのは、子供は一人で生きていけないからです。自立したらどう生きようと本人の勝手です。

そもそも子供に期待をするから失望するのです。

相田みつをの詩に「あんなにしてやったのに『のに』がつくとぐちが出る」というものがあります。心底納得する言葉です。

世話してやったのに、育ててやったのに、と思うから愚痴になります。だから、子供には見返りなど求めず、対等な関係性を作りたいと思うのです。

きょうだい関係も基本的にはつかず離れずでいいのですが、音信不通とか極端な不仲というのは問題です。なぜなら、五〇代は親の介護や相続をめぐって話し合う機会が増えるからです。

介護や相続をきっかけに、きょうだい間でトラブルとなり、最終的に裁判沙汰になることもあります。きょうだいの争いに時間と労力を注ぐのは悲しく、むなしい行為です。

過去の諍《いさか》いが原因でつきあいにくいこともあるでしょうが、最低限の情報交換ができる状態にしておく必要はあるでしょう。

STRATEGY 20

「地域」に自分の居場所をつくる

――今のうちに「ご近所デビュー」しておく

若い頃は、自宅と会社の往復だけで、周りを見る余裕がなかった人も、五〇代にもなれば落ち着いて将来を見通せるようになります。そこで浮上してくるのが、「定年後の自分の居場所」問題です。

前述したように「社縁」はアテになりません。会社以外に広く人間関係をつくっておくことは、必須のリスクヘッジとなります。

特に重要なのは、地域に居場所をつくるという発想です。定年後は、個人で起業するにしても年金生活をするにしても、自宅周辺で過ごす時間が圧倒的に増えます。今のうちに〝地域デビュー〟をしておいて損はありません。

地域の居場所づくりの方向性はいくつかあります。

一つ目は、サークルや学習講座などの趣味の集まりに参加する方法です。

サークルや学習講座の情報はネットでも簡単に検索されますし、市区町村の広報誌などにも頻繁に掲載されています。地域によっては地元の大学と提携し、市民向けの公開講座を開いているケースもあります。地元で趣味のサークルや学習講座が見つかれば、通いやすく継続しやすいというメリットもあります。

そこにはビジネスチャンスも眠っている

二つ目は、地域イベントへの参加です。

私は以前、東京の下町と呼ばれる地域に住んでいたことがあります。当時は、お祭りなどのイベントが定期的に開催されていて、子供が地域のお年寄りなどとコミュニケーションを取るいい機会になっていました。

私自身は子供の頃に地域のコミュニティが乏しい地域に住んでいたので、新鮮な体験でした。「地域が一つになれるのはいいな」と感じたのを覚えています。

こういった地域イベントに積極的に関わり、地域の人と関係性をつくるのもおすすめです。

そして三つ目は、ボランティア活動です。

清掃活動や子供の登下校時の交通安全指導、防災活動や、福祉施設での傾聴活動など、ボランティアの種類も多種多様です。興味があるものに参加し、地域に貢献するのはすばらしい活動です。

地域に居場所をつくるというと、仕事とは無関係のように思えますが、じつは地域の困りごとは大きなビジネスチャンスでもあります。まちづくりや名産品のプロモーション、介護・福祉など地域ビジネスのネタは無数にあり、しかも世の中は人材不足です。

単に居場所をつくるにとどまらず、地域に貢献して稼ぐという道も悪くありません。

「学び」を通じて人間関係をつくる

ところで、私は拠点の一つとしてシェアオフィスを利用しています。そこには幅広い業種の人が集まっていて、ときどき交流目的でイベントが行なわれることがあります。せっかくのチャンスなので、できる限り参加を心がけています。

参加者には税理士、会計士、弁護士などの士業をされている方が多く、話を聞くだけでも勉強になります。

中には、八〇でバリバリ働き、海外とやりとりをしながらビジネスを手がけている人もいます。単純に「すごいな」と思いますし、継続の秘訣を聞かせてほしくなります。

同業者の集まりにいくのも悪くないですが、どうしても興味の方向や仕事の仕方が共通していて、話に新鮮味がなくなりがちです。異業種の集まりなら、自分の固定観念が覆されます。聞いた話を自分の業界・業種に応用し、新たなチャンスを生む可能性も期待できます。

いっそのこと自分でコミュニティや勉強会を主催するのも一つの方法です。五〇歳くらいになれば、それなりに人脈もあるでしょうから、声をかければ一定の人数が集まるはずです。

自分で会を主催すれば、自分の出席率が上がります。時間や場所の面で自分の都合を優先しやすくなるからです。

特に今はオンラインで勉強会を開くこともできるので、準備や運営のハードルは大きく下がっています。しかも、やめたくなったら、いつでも好きなタイミングでやめればいいのです。

私自身、過去には読書会を主催していましたし、今は起業家のコミュニティを主催しています。

読書会は、「事前に本を読んでこなくていい」という独特なルールを設けていました。最初の三〇分で持ってきた本を読み、一人五分ずつ感想を発表してもらいます。

読書会を通じて、本の内容を要約したり、プレゼンしたりする力が鍛えられた、という感想をたくさんもらいました。

でも、やはり自分が一番勉強になったと感じています。

何しろ自分が主催者なので、自分が知りたいテーマを設定でき、呼びたい人を呼ぶことができました。

今もコミュニティでいろいろな人から刺激をもらっています。需要がある限りは続けたいと考えています。

3章

独立するつもりで、働き方を見直す

——50代に求められる「ワークシフト」

STRATEGY 21

「定年」は自分で決める時代

――「人生一〇〇年時代」のキャリア戦略

五〇歳になると、はっきりと定年を意識するようになります。そして、1章でお話しした「締め切り」をどう乗り越えるかが課題となります。五〇代が経験する締め切りをもう一度おさらいしておきましょう。

・締め切り①……五五歳頃の役職定年

・締め切り②……六〇歳（六五歳）の定年退職・再雇用
・締め切り③……六五歳（七〇歳）の再雇用雇い止め

国は年金の支給開始時期を遅らせるため、企業にできるだけ社員を長く雇うように仕向けています。すでに会社によっては、居続けようと思えば七〇歳まで働き続けることはできます。

そのうち七五歳まで働けるようになる可能性もあります。「給料が減る代わりに、いつまでいてくれてもいいよ」という時代になりつつあるわけです。

これは逆にいうと、「自分で定年のタイミングを決められる」ということです。五五歳の定年退職を機に辞めるのも、六〇歳の定年で区切りをつけるのも自由です。

定年を自分で決めるとはいっても、人生一〇〇年時代です。まだまだ三〇年以上の長い人生が待っています。

自分で定年を決める自由を行使するには、収入源と、収入源を生むのに必要な人脈や、やりたいこと（いわゆる起業のネタ）を確保しておく必要があります。

私自身は、五一歳で「定年」を経験しました。五〇歳を迎えたときに「経営者の仕事はもう辞めよう」と決意しました。

今は、新たなキャリアとして、一人でできる講演や執筆、コンサルティングの仕事に専念しています。これから先のことはわかりませんが、自分の好きな仕事や頼まれた仕事を無理せず続けていきたいと考えています。

会社のお荷物になるのだけは避けたい

もちろん会社に残り、最後までサラリーマン人生をまっとうするのも立派な選択です。ただ会社のお荷物になるのだけは避けたいものです。

私の同世代には、会社に残って働き続ける友人や知人がたくさんいます。その中の一人が「会社でお荷物状態になっているのが何よりもつらい」と語っていたのが印象に残っています。

彼はけっして偉そうにするタイプではなく、人柄もすばらしく、やる気も持ち合わせています。ただ、年下の上司に気を使われているのがわかり、それがいたたまれないというのです。

一生懸命チームに貢献しようとして、小さな仕事も自ら買って出たりするのですが、ミスをしてしまうこともあります。若者から遠慮がちに「ここ間違っているんですけど……」と指摘されると、申し訳なくて落ち込むのだと話していました。

一番よくないのは、漠然と不安を抱えて何も行動せず、会社にいわれるまま不利な条件でしがみつくことです。不安を解消するには、収支についても試算しておくことが肝心です。

五〇歳からの役職定年、定年退職、再雇用といったタイミングで、収入は段階的に減少していく一方で、六五歳からは年金の支給が開始されます。ローンの返済が終わり、子供の教育が終わることで支出が減るということもあるでしょう。

じつは、多くの人がこういった収支に無頓着です。計算した結果、「会社をやめて独立してもやっていけそう」と気づく人もいます。こういった収支計算は、Excelなどで簡単にできますから、最低限やっておくことをおすすめします。

STRATEGY

22 できる人の「副業」戦略

――時間と体力を切り売りするな

私が『週末起業』を書いた二〇〇〇年代前半は、副業という概念はあったものの、実践する人はまだ多くいませんでした。

「週末起業をしたいけど、会社の就業規則で副業が禁止されている」

「やりたくても会社にバレるのが怖くて、どうしても一歩を踏み出せない」

当時はそんな話をさんざん聞きました。

しかし、今は国も副業を推奨する時代です。厚生労働省が定めた「副業・兼業の促進に関するガイドライン」では、企業の対応の基本的な考え方として「原則、副業・兼業を認める方向とすることが適当である。」とうたっています。

二〇一八年に改訂されたモデル就業規則でも、「許可なく他の会社等の業務に従事しないこと」という規定を削除し、「労働者は、勤務時間外において、他の会社等の業務に従事することができる」という条項を盛り込んでいます。

ただ、安易に副業のムーブメントに乗り、コンビニや飲食店の店員、ビル清掃などの時給払いのアルバイトをはじめたり、ウーバーイーツ配達員などに代表されるギグワーク（企業との雇用契約を結ばない、単発・短時間の働き方）に取り組んだりするのは反対です。

アルバイトやギグワークをすれば、収入の足しにはなります。月数万円でも稼いで再雇用の収入減や年金生活の不安に備えたいという気持ちはわかります。

だからといって、五〇代で体力勝負の仕事をするのは無謀です。アルバイトで疲れ果て、本業の仕事に支障が出たら本末転倒です。体力のある若者でさえ、ギグワークで疲弊しているという話を聞くくらいなのです。

副業は「目的」ではなく「手段」である

私は、アルバイトやギグワークを否定しているわけではありません。アルバイトやギグワークで経験を積み、自分が本当にやりたいことにつなげるのだったら、やってみる価値はあります。

たとえば、ウーバーイーツの配達員をした経験を生かして、飲食店のコンサルティングをするというならわかります。

私自身、会社員時代に、コンサルタントとして独立するための準備、手段として、コンサルティング会社でアルバイトをしていたことがあります。

具体的に何をしていたかというと、たとえばマーケティングの調査です。スーパーで冷凍食品数を数えたり、カウンターを片手に朝から晩まで通行量調査を行なったりすることもありました。一日あたりの報酬は五〇〇〇円程度。当時はお金を得ることよりも、コンサルタントに必要な知識と経験を身につけることに必死でした。

コンサルタントになるための知識、情報を得るための書籍代を稼ぐために書評を書き、報酬を得ていたこともあります。その頃は、Amazonが日本に進出したばかりで、認知度が低く、今のようにレビューが集まりませんでした。

そこでAmazonは書評を一本数千円で買い取ってくれました。私はAmazonでコンサルタントになるために必要な本を買い、書評を書き、そのお金で新しい本を購入していました。やがて書評の報酬はどんどん下がっていき、ご存じのように今では誰もが無料でレビューを書くようになっています。

私が書評を書いていたのは、勉強のためであり、文章力をつけるためです。当時の経験は、その後の執筆活動に大いに生かされました。

もし、お金を稼ぐことだけを目的にひたすら書評を書くことに没頭していたら、無理がたたって体を壊していたに違いありません。

繰り返しますが、体力勝負の副業は命取りです。やるにしても期限を決めて、経験とスキルを身につけるということを目的にするべきだと思います。

STRATEGY 23

あなたを求めているお客はたくさんいる

――こんな「スキルシェアサービス」がある

会社にいながら副業で仕事をするなら、経験やスキルを効率的にお金にすることを考える必要があります。

世の中には副業したい人と、副業人材を活用したいと考える企業などの組織をマッチングするスキルシェアサービスがたくさん誕生しています。

たとえば、「ビザスク」というプラットフォームがあります。これは一時間からスポットでのコンサルティングを提供するサービス。企業がコンサルタントを雇うと相当なコストがかかりますが、ピンポイントで依頼すれば非常に便利です。

ビザスクにはさまざまな分野のエキスパートが登録しています。五〇代以上の人も経験を生かしてさまざまな案件を受注しています。

「コンサルの仕事はちょっとハードルが高い」という人にも、いろいろな選択肢が用意されています。

有名なものでいえば、ランサーズやクラウドワークスなどのクラウドソーシングサービスが挙げられます。いずれも国内最大級のプラットフォームであり、デザインやライティング、ウェブ制作、アプリ開発などの案件が常に受発注されています。

専門性があれば優良案件を受注することも可能です。ただし、データ入力など低単価の単純作業も多く、結局は体力勝負になってしまうので注意してください。

今後、「地方」に目を向けてみるのは面白い

地方活性化に貢献したいという人には、地方に特化した副業のサイトもあります。た

とえば「Skill Shift」や「イマクリエ」といったプラットフォームには、地方企業や地方自治体の副業案件が多数紹介されています。

地方は人手不足に悩んでおり、特に専門人材の募集に苦慮しています。東京でバリバリ働いている人の力をスポットでも借りたいと考えているわけです。しかも、現在はリモートワークで都市部にいながら地方の仕事ができる環境も整っています。

たとえば、地域の名産品を商品化したいと考える自治体が、マーケティングや商品開発ができる人材を求めていたりします。検索すれば、故郷の自治体の案件を見つけることも可能でしょう。

私の知り合いの一人も、出身地の自治体でコンサルティングを行ない、今は町おこし専門の商品開発コンサルタントとして活躍しています。住み慣れた場所では、自分にたいした価値がないと思っても、地方に目を向けるなど、場所を変えることで自分を買ってくれるところが見つかることもあります。

副業のきっかけが見つからないという人は、まずはこういったプラットフォームに登録してみることをおすすめします。

STRATEGY 24

「本当にやりたいこと」を再点検する

——起業するにせよ、会社に残るにせよ

私が週末起業の勉強会などで、参加者に「何をしようと考えていますか？」と聞くと、「決まっていません」「特にやりたいことがないんです」などと答える人が結構います。

じつは、起業をはじめない人が挙げるはじめない理由の第一位が「起業のネタがない」という問題です。

当然ですが、やりたいことがないと、ずっと会社に残るしかなくなります。

五〇歳からの一〇年間は、やりたいことを再点検する時間です。起業するにせよ、会社に残るにせよ、です。

週末起業を目指す人たちに向け、私は「三つの輪」を書いて説明することがよくあります。三つの輪は、「好きなこと」「できること」「時流に沿っていること（お客さんがいること）」を表します。

この三つを満たすものが起業のネタとなり得ます。

特に若い人には、好きなことをやりましょう、とお話しししています。趣味や特技などをビジネスにできたら楽しい人生です。

ただ、五〇代くらいの人には「好きなことはいったん忘れてください」とお伝えしています。五〇代にもなれば、すでにできることはいっぱい持っています。しかも、できること＝好きなことといえます。

できること＋時流に沿っていることで勝負するのが五〇歳からの戦略です。

「稼ぐ方法」などいくらでも見つかる

起業のネタはここにある

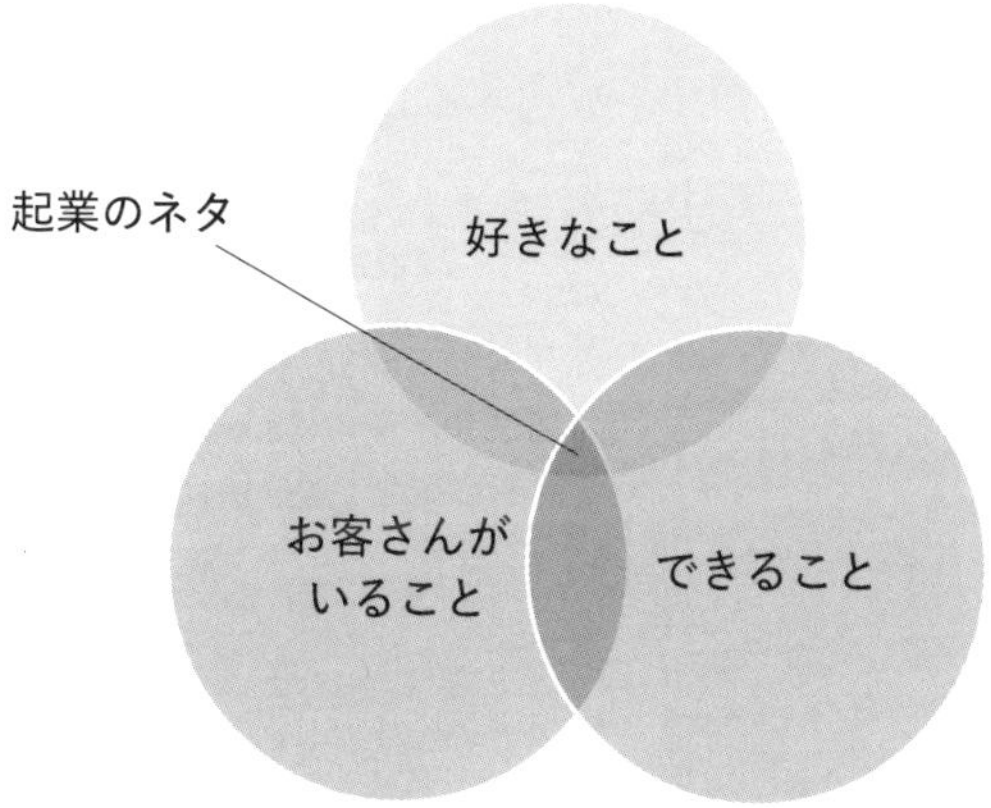

これまでの人生の中で、あなたはいろいろな経験をしているはずです。その経験をまずは書き出してみてください。

その中で、

「面白かった仕事」

「得意としてきた仕事」

を見つけ出し、それを仕事にすることを考えていきます。

何十年も仕事をしていれば、「あの仕事、楽しかったな」と思い出す仕事があるものです。

それを組織に属しながらやるのではなく、組織から出て個人でやるにはどうすればいいかを考えます。

新しいことを見つけるのは大変ですが、

これならけっして難しくありません。私が見ている中でも、本業と同じ分野で起業した人のほうが成功確率が高く、しかも長続きしています。

ところで、「やりたいことがありません」という人の話をよくよく聞くと、「やりたいことはあるけど、それはお金にならないものなので、仕事にはできないんです」と答えるケースも少なくありません。自分で勝手に判断して、仕事にはならないと思い込んでいるのです。

でも、今の時代はネットを介してお客さんを見つけることが容易になっています。「お金にする方法」はいくらでも探せます。

STRATEGY 25

起業するなら なぜ、フリーランスか

――五〇代からの「リアル」な起業法

世の中には五〇代から起業している人がたくさんいます。もちろん、あなたにも起業のチャンスは十二分にあります。ただし、五〇代以降の起業は「個人で、お金をかけない」というのが基本です。

法人を設立して、人を雇用し、上場を目指すような起業を五〇代からはじめることは簡単ではありません。1章でもお話ししたように、五〇代は学習能力も若い頃に比べて落ちていますし、柔軟性も体力も低下する一方です。若者とガチンコで勝負しても勝ち目はありません。

また、会社員として部下を使うのと、経営者として従業員を雇用するのとでは、まるで話が違います。経験したことがない人がいきなりはじめても、失敗する可能性が大です。

私は三四歳で独立しましたが、その時点ですでに出遅れているのを感じました。独立した頃、いろいろな起業家に出会い、「この世界では、いろいろな人が活躍しているんだな」と感じたのを思い出します。学歴もなく、大企業出身でもない人が、とんでもなく優秀で、二〇代から会社を大きくしてバリバリ稼いでいたのです。

フランチャイズや飲食店開業は悪手

会社を経営するのが難しいからといって、安易にフランチャイズに走るのは反対です。フランチャイズのメリットは、起業ネタを考えずに済むところにあります。できあがったスキームに乗り、組織に属さず働けるので、手っ取り早い独立の手段ではあります。

けれども、フランチャイズの多くは体力勝負です。本部に従って動くという意味では、会社員と大同小異です。やりたいことがフランチャイズで実現できるなら別ですが、起業ネタが思いつかないという理由だけでフランチャイズに安易に手を出すことは避けるべきだと思います。

そして、個人で飲食店などを開業するのも、できるだけに避けたほうがいいと思います。

ビジネスサイトなどでは、早期退職をして居酒屋などをはじめて失敗する人の記事が定期的にアップされています。失敗の記事が読まれるからこそ、記者も意図的に取り上げているのでしょうが、実際に飲食店で失敗する中高年はあとを絶ちません。

飲食店はフランチャイズ同様、最初は体力勝負の商売です。しかも、開業するには莫大なお金がかかります。

五〇代で借金をして失敗したら、もう取り返しはつきません。運よく軌道に乗ったとしても、体を壊してしまったら一巻の終わりです。

私が選んだのは自分の経験を生かしてコンサルティングなどを行なう個人事業です。

五〇代からの起業としておすすめしたいのも、こういう起業です。

具体的にはコンサルタントやアドバイザー、コーチや講師などの専門家として活動するのが最もスムーズです。会社員生活で培った経験や知識をもとに、執筆や講演を行なったり、困っている個人の相談に乗ったりするところからはじめてみましょう。

専門家の仕事であれば、一〇〇〇万円プレーヤーを目指すのも不可能ではありません。実際に、それだけの額を稼ぐ五〇代のフリーランスはごろごろいます。

自分の強みを再点検する

自分が持っている強みを認識してください。

五〇代は社会人経験が豊富です。あなたは専門性や各種のスキル、コミュニケーション能力などをすでに備えています。気づいていないかもしれませんが、組織で長年にわたって仕事を続けるのはかなりすごいことなのです。

また、若い人と比べて時間をかけてつくった人脈を持っています。

さらに、信用や貫禄もすばらしい価値です。

じつは、若手の起業家は見た目の貫禄で苦労しています。私も若いときには切実に貫禄がほしいと思っていました。

同世代のコンサルタントには、わざわざ髪を白く染めたり、ひげを伸ばしたり、メガネをかけたりする人がいたくらいです。

大事なのは、こういった強みを最大限に生かすことです。

専門性や実績を生かせば、売り込みが不要となります。五〇代からの起業で成功している人は、ほぼ例外なく売り込みをしていません。

起業というと、熱心に営業活動をして顧客を獲得しなければいけないと考える人が多いのですが、大きな間違いです。むしろ、売り込みで顧客獲得を試みるのは逆効果といえます。

売り込みをすると、相手はあなたのことを専門家ではなく「営業マン」とみなします。いきなり売り込んできた営業マンから商品やサービスを買いたいと思う人はいません。

人は「買ってください」と懇願されればされるほど「買いたくない」と思う生き物なのです。

特に中高年がガツガツ売り込みをすると悲壮感が出てきます。足元を見られて、安い仕事を請け負うことにもなりかねません。

若者ならがむしゃらに安い仕事をこなして実績や信用を築くことにも意味がありますが、五〇代からは無理は禁物です。

自分ができる範囲で、注文を受けた仕事を中心に堅実にこなしていくのがベストです。

起業を考える人は、こういう働き方を目指すべきだと思います。

STRATEGY 26

「自己紹介力」を磨き上げる

——あなたの出身大学などなんの興味も持たれない

定年退職後に起業家として仕事をしたいなら、五〇歳からの一〇年は会社員と起業家を両立させる「週末起業」のステージを経験しておくことが肝心です。

この期間に、会社の看板に頼らず、個人商店で仕事ができるところまで持っていけるか。それが六〇代以降の成否を大きく決定づけます。

言い換えれば、五〇代は自分の強みを整理して起業ネタを確立し、お金を稼げるまでに仕立て上げる時期となるわけです。

じつは、ここで最も大事なのは「自己紹介」なのです。

私が主催したセミナーで、五〇歳くらいの会社員に「自己紹介をしてください」というと、たいていこんな感じのコメントが返ってきます。

「私は〇〇会社の経理部で部長をやっています。出身大学は△△大で、××年に入社しました。住んでいるのは東京の◎◎区で、趣味はジョギングです」

出してくるのは、履歴書に箇条書きで書いてあるような情報ばかり。ひととおり履歴と属性を話して、それ以上言葉が続かなくなる人が多いのです。

厳しい言い方をすると、そんなものはほとんどどうでもいい情報です。これでは強みやスキルなどが全然わかりません。

顧客は「自分のためにあなたは何をしてくれるのか？」を知りたがっています。どこの組織に勤務しているとか、どんな役職に就いているかなどはどうでもよくて、顧客にとって一番大事なのは「何をしてくれるか」というメリットなのです。

自分という商品の魅力をどう伝えるか？

だから、私は独立を目指す人に向けて「一分間で魅力的な自己紹介ができるようにしてください」とお伝えしています。

はじめにプロフィールを作成してもらい、それを徹底的に改良してもらいます。このトレーニングは、独立・起業を目指す人だけでなく、どんなビジネスパーソンにも有効です。

なぜなら、プロフィールは自分自身の商品説明だからです。ここで絶対に伝えるべきは、

「自分にはこんなことができる」

だから、

「あなたのこんな問題が解決できる」

「こんな欲求を満たすことができる」

という情報です。それが伝わるようにつくることが大切です。

生年月日や出身大学、保有している資格などの基本情報は、その裏づけにすぎません。だから、最低限にとどめます。プライベートの趣味や特技は、親近感を持ってもらう上で有効ですが、一分間という限られた時間ですから、やはり最低限にとどめるべきです。

肝となるのは、まずは事業内容です。「誰の、どんな問題を、どうやって解決するのか」を明確にしておきましょう。

たとえば「老後に不安を感じるシニア向けに、資産設計やライフプランニングのアドバイスを行なう」などです。

そして実績です。

どんな会社とどのような仕事をして、どんな成果を上げてきたのかを記載します。実績だけをまとめておくのもいいでしょう。

自分のプロフィールをつくる際、参考にしてほしいのが書籍の著者プロフィールです。著者も各出版社も、書籍を買ってもらうため、著者プロフィール作成に工夫をこらしています。ぜひチェックしてみてください。

なお、作成したプロフィールは絶えず見直してこまめに改善していきましょう。たとえば大きなプロジェクトを成功させたとか、講演を行なったなどのタイミングで実績を追加・更新します。顧客によって内容を微妙に変えておくことも大事です。

週末起業用に名刺をつくっておくのもいいですね。私も会社員と起業家の二足のわらじをはいているときから、個人で名刺をつくっていました。渡したときの相手の反応を見て、肩書などを変えたものを何度もつくり直したのを覚えています。

起業家が集まるセミナーなどに参加すると、ちょっと変わった名刺を出してくる人が少なくありません。

中には、「歌って踊れる税理士」とか「代表取締られ役」など、凝りすぎて〝スベっている〟人もいます。でも、印象に残すという意味では、やりすぎないくらいが効果的かもしれません。

STRATEGY

27

儲かる仕事より いい仕事を追求する

――「レッドオーシャン」に飛び込むな

個人で起業をするなら、お金よりもやりがいや楽しさを重視することが大切です。儲かる仕事は若い人に任せておけばいいのです。

では、なぜそれほど儲けなくていいのか。

それは、人生の後半生は前半ほどお金がかからないからです。とりあえず、六五歳以降は年金がもらえます。いざとなれば年金に頼り、足りない分を働いて稼げば生きていけます。

少し前に「老後資金四〇〇〇万円不足」というニュースが話題となりました。二〇一九年に「老後資金二〇〇〇万円不足」が大きく取りざたされましたが、最近の物価高をもとに専門家が計算したところ、不足額は四〇〇〇万円になる可能性が出てきたというのです。

大前提として、四〇〇〇万円不足がただちに当てはまると考えるのは早計です。生活スタイルによって家計の支出は異なりますし、物価上昇が予想通りになるのかという問題もあります。

そういった問題はいったん置いておいて、純粋に四〇〇〇万円が不足するとしましょう。このとき六五歳以上の夫婦は三〇年間、毎月一一万円程度が不足する計算となります。

いずれ働けなくなるときがくるにしても、ある程度の預貯金を保有する家庭も多いはず。それを考えると、夫婦で毎月一一万円を稼いでいくのは、困難な目標ではありません。

私の周りにも、一人で月一〇～二〇万円を稼ぐ人はいくらでもいます。

起業するなら、ブルーオーシャン一択

やりがいを犠牲にしてまで儲けなくていいもう一つの理由は、大変だからです。儲かる仕事は、顧客がたくさんいる仕事です。顧客がたくさんいるところでは、みんなが稼ごうとするので競争が激しくなります。五〇代が、「レッドオーシャン」で若者に混じって勝ち抜こうとするのは困難です。

ましてや、これまでの本業とはまったく異なる分野で起業したりすると、ハンデ戦を強いられます。

前述したように、安易に飲食店に手を出すなどは危険な行為です。レッドオーシャンの上、本業で取り組む人が死にものぐるいでしのぎを削っているのですから。

起業するなら、ブルーオーシャンです。そこで欲をかかずにコツコツ稼ぐのがベストです。

四〇代までの私は「この仕事を受けたら、フィーが高い仕事はこなくなる。足元を見られたら困る」などと考え、安価なオファーを断っていました。

これは若い頃には必要な戦略でした。でも、今は金額にかかわらず「いい仕事」だと思えば、迷わずオファーを受けています。お金よりも人を育てたり、社会に貢献したりしたいという思いが強くなっているのです。

STRATEGY

28 会社のリソースを使い倒す

——会社員が享受できるこれだけのメリット

あなたは会社員という立場を当たり前のように感じているかもしれませんが、じつは会社員が享受している価値はたくさんあります。五〇代のうちに、会社というリソースを徹底的に使い倒し、会社員にしかできないことをやっておくべきです。

私が就職活動を控えていた学生の頃、先輩に「学生のうちにやっておいたほうがいいことってなんですか?」と聞いたことがあります。

すると、先輩はこんなアドバイスをしてくれました。

「就活生という立場を利用して、できるだけいろんな人に会っておくといいよ」

それを聞いたときは、いろいろな人に会えば、いい会社に就職できるチャンスがあるのかな、と思っていました。

でも、先輩がいいたかったのはそうではなく、就活生はどんな大きな会社の人にも会えるということでした。

先輩が話していたように「就職活動をしているので、お話を聞かせてください」というと、たいがい時間をつくってくれました。そこで「ウチにこないか」と誘われることはなくても、さまざまな業種・職種の人から話を聞いた経験は、のちの仕事に役立ちました。

就活生ほどではないものの、会社員も、名刺を出せばいろいろな人に会うことができます。会社の名刺を持っているうちに、たくさんの人と会っておくに越したことはありません。

私自身は会社を辞める前、自ら志願して偉い人のカバン持ちをやっていました。みんながが敬遠する仕事でしたが、辞めたらもうできなくなると思ったからです。

偉い人のカバン持ちをすると、他の企業の偉い人にも会うことができます。必ずしも独立後の仕事につながりませんでしたが、話のタネにはなりました。やってよかったと思っています。

他にも、会社でしかできない経験はたくさんあります。たとえば、海外出張などは業種によっては独立したら行きにくくなります。私も在職中は、海外で仕事するチャンスがあれば、多少面倒でも積極的に手を挙げていました。

研修にもどんどん参加したほうがいいでしょう。個人の場合はお金を出して勉強する必要があるのに対して、会社はいろいろな研修を無料で受けさせてくれます。面倒くさいなんて思っていたら罰が当たります。

会社員にしかできないことが山ほどある

経理や法務、総務、営業、広報など、幅広い業務に触れるチャンスがあるのも会社員の特権です。会社員の中には、自分の業務以外には関わらないというスタンスの人も少なくありませんが、ちょっともったいないです。

他部署の人から話を聞いたり、仕事を手伝ったりする経験はとても貴重です。そもそも独立したら、最初はすべてを一人でこなす必要があります。幅広い知識が多少なりとも必要となります。

また、独立して一人で仕事をするときに、さまざまな顧客の課題やニーズをイメージできるようになります。さらに、取引先やパートナーなど外部の人とのつきあい方を磨くいい訓練にもなります。

「独立する」という意識を持つだけで、同じ会社にいても入ってくる情報や仕事のスタンスなどが大きく変わります。

たとえば、大企業の重役だからといって必要以上にへつらうことに意味を感じなくなります。少なくとも、相手の肩書を見て態度を変えることはなくなります。

個人で仕事をしたら、そんな人と一緒に仕事をする機会は滅多にないでしょうし、彼らの評価に自分の人生を振り回される心配もなくなるからです。独立したら、小さな会社と仕事をする機会がほとんど。それを知れば、むしろ零細企業の社長さんたちのほうが輝いて見えるようになるはずです。

STRATEGY 29

「肩書抜き」の人脈を広げていく

——「会社で培った人脈」は思った以上に弱い

優秀な経営者は日々さまざまな人と会っています。人と会うのが仕事といってもいいくらいです。

なぜそんなに人と会うのかというと、それが売上に直結していることを経験上熟知しているからです。

もちろん、人に会えば自動的に仕事がもらえるわけではありません。人に会うと、いろいろな情報を交換できます。

大半の情報は仕事と直接つながらないのですが、その中の一部に儲けのきっかけが転がっているのです。ときには、自分の会社にやらせてくださいということもあります。経営者はそのチャンスを見逃さずにビジネスに生かしているというわけです。

人脈は非常に大事ですし、今のうちからしっかり構築しておくことが肝心です。そんなことをいうと、

「私はこれまで一〇〇〇枚以上の名刺を集めてきました」

「転勤もしていろいろな部署も経験したので、人脈の多さには自信があります」

などという人がいます。

しかし、本当に大事なのは名刺や知り合いの数ではなく、会社を辞めたあとでもつきあうことができるかどうかです。

あなたが思う以上に、会社で培った人脈は脆弱です。辞めたとたんに、あっという間に途切れます。

多くの人にとって、会社を辞めたあなたとつきあうメリットはありません。辞めても

つながることができると思うのは見通しが甘すぎます。

私の経験でも、会社を辞めたとたんに、露骨に横柄な態度を取る人がいました。その人の顔には「会社の看板があったから、おまえに頭を下げてきたんだよ」と書いてありました。

まあ、そこまで嫌な人とのつきあいはこっちから願い下げですが。

「それでも一緒に仕事がしたい」とどう思わせるか

大切なのは会社員のうちから、肩書抜きでも相手にメリットが与えられるような人間関係を意識することです。

そして、辞めたときには今までお世話になった人に挨拶回りをしておくことが非常に大事です。

これをするのとしないのでは、全然違います。

挨拶回りをして「これからフリーランスで仕事をしていこうと思います」といえば、関心を持ってもらえます。

みんな会社を辞めた人がどうやって生きていくかに興味があります。特に起業という働き方に関心を寄せています。だから、辞めた直後なら、わりと簡単に会ってくれます。そこであれこれ話す中で「じゃあ、独立祝いにこの仕事お願いしようかな」といってもらえたという実例も結構聞きます。

とにかく定年後も仕事を続けるなら、会社の肩書がなくても、

「この人に仕事をお願いしたい」

「この人と一緒に仕事がしたい」

と思われる人間力が必要不可欠です。

これに尽きるのです。

STRATEGY

30

資格で今の仕事を強化する

——五〇代で資格を取る二大メリット

資格の取得にはいくつかのメリットがあります。五〇代から資格を取ることにも意味があります。

メリットの一つは〝箔づけ〟として使えることです。たとえば、経理部門で働く人が税理士といった資格、法務部であれば司法書士や行政書士といった資格を持つことで一目置かれることは間違いありません。資格で箔をつけることによる自信や安心感といったメンタル効果も、けっして侮れません。

もう一つのメリットは、資格試験の勉強は必要な知識が体系化されていることです。英語の勉強が大変なのは、どんなに学んでも終わりがないからです。それに比べて資格試験の勉強は、学ぶべき知識が一つのパッケージになっています。

たとえばファイナンシャルプランナー2級であれば、スクールにいったりテキストで勉強したりして必要な知識を身につけ、試験に合格すればそれで終わりです。

私自身は、中小企業診断士の資格を持っています。長くコンサルティングの仕事をしてきましたが、資格を取得してよかったと思います。資格があるから仕事がとれたとは思えません。でも、資格を取るために学んだ知識を使い、実際にいろいろな顧客の問題を解決し、その積み重ねで実績をつくることができたからです。

仕事によっては、資格がないと法的に携われない仕事もあります。たとえば、配線工事などの作業をするなら、第二種電気工事士などの資格が必要です。やりたい仕事に必要な資格は、早めに取っておくのがおすすめです。

会社員なら、給料をもらいながら余暇の時間で資格を取得できます。会社や資格によっては資格支援制度を利用して、受験費用を補助してもらったり、資格手当を受けられたりする可能性もあります。

「資格取得＝稼げる」という発想は捨てる

ただし、注意してほしいことがあります。それは、どんな資格であっても、取っただけでは食べられないということです。顧客を獲得し、仕事を受注することではじめてお金を稼ぐことができるのです。

ビジネス誌やビジネスサイトなどを見ていると「稼げる資格トップ10」といったタイトルの記事を見かけます。記事の多くは、あたかも資格さえ持てばすぐに収入が得られるかのように書かれています。そのせいで、資格にまつわる誤解が生まれているのでしょう。

私は一時期、資格を取得した人たちの独立をサポートする仕事に携わっていたことがあります。

彼らに伝えたのは「食べていくためには知識だけでなく、実績とスキルが必要だ」ということです。知識は資格試験の勉強をすれば身につきます。一方で、スキルに関しては実際に仕事を経験しながら、試行錯誤を通じて獲得していくしかありません。そして、経験を積み重ねることで実績をつくっていくこともできるわけです。

ただし、実績がなければ仕事を受注できませんから、スキルも身につきません。ここで多くの人は「卵が先か、鶏が先か」の問題に直面します。資格を取ったものの、ここでいき詰まる人も少なくないのです。

でも、会社に勤務をしながら資格を取り、会社の仕事の中で実践していけば、スキルも実績も獲得できる可能性があるのです。

たとえば、ファイナンシャルプランナーの資格を取得した人が、今の会社の仕事の顧客に「無料で資産運用のアドバイスをさせてください」と提案するとしましょう。本業に支障のない範囲で取り組めば、スキルと実績が手に入ります。そのスキルと実績を引っさげて独立するのも夢ではありません。

五〇歳からの資格取得で目指したいのは、実践によるスキルの修得と実践の蓄積なのです。

STRATEGY

31

コミュニケーション・ツールだけは最新技術を身につける

――ITは、あなたを待ってくれない

ネット上では、Instagram や YouTube でせっせと発信する同輩を目にします。

もちろん発信は個人の自由ですから、否定するつもりはありません。

中にはインフルエンサーの地位を確立している人もいて、素直にすごいなと思います。

でも、基本的に五〇代の一般人がランチで何を食べたかなんて、興味を持つ人は皆無

です。

にもかかわらず、無理に頑張っている姿を見ると、痛々しいものを感じてしまいます。「無理して若者に寄せる」五〇代は哀れです。

ただし、無理して若者ぶる必要はないですが、コミュニケーション・ツールに関してだけは最低限、新しい技術についていくことが大事です。

たとえば、コロナ禍では在宅ワークが余儀なくされ、Zoomなどのビデオ会議ツールの活用が一気に進みました。

当初は、Zoomを使えない役員のため、若手社員が出社してセッティングを行なうケースがあったと聞きます。若手社員にしてみれば、とんだ迷惑です。

今ではさすがに役員もZoomを使うスキルを持っていますが、不思議なことにこの世代にはリアルコミュニケーションにこだわる人が多い印象があります。やっぱり若者には迷惑な存在です。

私は「打ち合わせはオンラインでお願いします」といわれたら、ちゃんと対応するよう心がけています。

仕事はチームプレイなので、相手の都合に合わせることや相手の要望に応えることも大事です。

コミュニケーションの取り方は極力相手に合わせる

ビデオ会議以外のコミュニケーションも同じです。

「LINEでやりとりをしましょう」といわれているのに、かたくなに「メールでしか連絡が取れません」では、世の中から取り残されるだけです。

LINEやメールで済む要件を、あえて電話してくる人や、まずは会って話したいという人もうっとうしいですね。そんなオールドタイプにはなりたくないと思います。

会社では動画の編集やビジネスチャットの使い方など、若い人にお願いすればいろいろ教えてもらえます。

しかし、たとえば起業して一人で仕事をするようになったら、そうはいきません。

私がフリーランスになったときは、パソコンのセッティングやネットのつなぎ方など、何から何まで一人で対応しなければならず、苦労したのを覚えています。「パソコンが不具合を起こしたので原稿が間に合いません」「クラウドの使い方がわかりません」では済まされません。

今もデータの管理などに細心の注意を払っています。やっぱり、一定レベルのＩＴスキルは身につけておきたいものです。

STRATEGY
32

「未来」のことは、若者たちに訊け

——そこに新たなビジネスチャンスも眠っている

現代の若者には優れたところがたくさんあります。若者から学ぶことは少なくありません。

私から見て、若い人たちは学びのスピードが本当に速いです。さまざまな情報に無料でアクセスできますから、かつてのように年配層との経済的格差による情報格差がないことも一因かもしれません。

新しい技術にも柔軟に対応する力を持っています。研究熱心でもあり、ゴルフなどでは一八ホールを回っている間にみるみる上達するのがわかるくらいです。貢献意欲も高く、性格的にも優しい人が多いように感じます。私のような世代にも知らないことを親切に教えてくれます。

特に私たちの世代との違いを感じるのは、今の若者は自由に生きているということです。今はよくいわれるように多様性の時代です。どう生きたっていいし、どんな生き方も尊重する。若者たちには、そんな価値観が共有されています。自由でうらやましいです。

私たちが若い頃は、いろいろなしがらみがあり、「こうすべき」という言葉に支配されていたような気がします。

就職したら定年まで勤め上げるべき、ある程度の年齢になったら家やクルマを買うべき、夏休みは海や高原に行くべき、冬はスキーに行くべき、クリスマスは恋人と、正月は家族と過ごすべき。そんな価値観が金科玉条となっていて、一つひとつクリアすれば幸せになると思われていましたし、実際にクリアしたときに手応えを感じていました。

そんなしがらみがない若者は、所有欲からも解放されています。先日、私の長男が結婚するというので、ちょうど買い換えのタイミングだったこともあり「ウチの旧いクルマを持っていっていいよ」といったら、「いらない」と即答されました。

クルマに乗りたいなら、カーシェアのサービスを使えば十分。あえて維持費の負担を抱えてまでクルマを所有するメリットがないというのです。

「後生、おそるべし」と心得る

彼らにしてみれば、別荘を持つなんて正気の沙汰とは思えないのでしょうね。実際にシェア別荘のサービスも普及しています。これなら必要なときに利用できて、管理もすべて任せられます。何しろ、今は別荘どころか洋服やバッグ、家具・家電などもシェアできる時代なのです。

メルカリのように、個人が簡単にモノを売買できるフリマアプリもあるので、必要なときに買って、使い終わったら売ればいいという発想も浸透しています。所有してモノに思い出を残すというのは昔の人の考え方です。

しがらみや所有欲から自由であることは、仕事の仕方にも投影されます。

私たちが若い頃、美容室や飲食店で働く人の多くは独立して自分の店を持つことを夢見ていました。そのために、遊ぶ時間も惜しんで厳しい下積みに耐え、せっせとお金を貯めていたわけです。

ところが今の若者は、必ずしも独立して店を持つことをゴールにしていません。美容師であれば、時間単位で借りられるシェアサロンが各地に誕生しています。

普段は特定の店に勤務し、残業をせず、有給休暇もしっかり取りながら働く。並行して、副業でフリーランスの美容師としてシェアサロンを活用しスキルアップを兼ねて稼ぐ。こういうタイプの人たちも増えています。

私の勉強会の参加者にも、会社勤めをしながらシェアスペースを活用し、平日夜と土日だけ週末起業で会社員向けのパーソナルトレーナーをしている人がいます。とても合理的で賢いやり方だと思います。

というのも、自前でパーソナルジムを構えたら莫大なお金がかかります。法人化してトレーナーなどを雇ったら、資金繰りにも頭を悩ませますし、人材確保や人材育成など肝心のトレーニング指導以外の業務に多大な時間を取られます。これではなんのために独立したのか、わからなくなります。

顧客となる会社員は平日夜と土日しかサービスを利用できないのですから、その時間だけスペースを借りて一人で仕事をしたほうが圧倒的に身軽です。


こういった工夫や発想は、若い人から直接学ぶのが一番です。ビジネスのヒント、起業のネタもたくさん眠っています。若い人から学べば、凝り固まった価値観や発想が解きほぐされ、頭の中をアップデートすることができます。

私の同世代を見ても、若々しい見た目や発想をしている人は、若い人たちと積極的に関わっています。特に一番若く感じるのは学校の先生です。いつも学生たちに囲まれてコミュニケーションを取っているから、自然と若々しくなっていくのでしょう。

未来は若者たちがつくっていくのです。未来を知ろうと思ったら、若い人ともっと関わり、積極的にコミュニケーションを取ることをおすすめします。

4章

成熟した大人として大いに学び、遊ぶ

――創造的な毎日を送る10のヒント

STRATEGY 33

タイガー・ウッズに学ぶ「究極の鍛錬法」

――「つまらないおじさん」と思われないために

人生は、遊びにも学びにも終わりがありません。とことんまで楽しみ、自分を成長させ、満足して一生を終えたいものです。この章では、五〇代の遊び方と勉強法について語っていくことにしましょう。

世間で「つまらないおじさん・おばさん」と呼ばれている人たちは、デリカシーがなく旧態依然としているところが共通しています。

「価値観が変わっているのに、つまらないセクハラ・差別発言をして笑いを取ろうとする」

「いつも同じような話を、しかも一方的にしてくる」

「自分が正しいと思い込み、周りの意見に耳を傾けようとしない」

「新しい知識や価値観をかたくなに拒否する」

このような態度を取る人は、陰で邪魔者扱いされています。


向上心がないというのも退屈です。会社でもう出世が見込めないからといって、万事にあきらめモードで受動的に仕事をこなす。そんな姿を見ると、自尊心はないのか、と問いたくもなります。

男性の場合は、加齢に伴いテストステロン（男性ホルモン）の分泌量が低下します。生物学的にガツガツしなくなるのが摂理とはいえ、それに抗《あらが》うことにこそ醍醐味があります。

ゴルフでいえば、若い人に飛距離でかなわなくても、アプローチやパッティングでスコアを拾っていく戦い方ができます。真っ向勝負は難しくても、スコアへの執着を捨てない人には好感が持てます。

明確なテーマを持って学ぶ

最近、私が読んだ本の中に『新版　究極の鍛錬』（ジョフ・コルヴァン／米田隆訳／サンマーク出版）という一冊があります。

この本の著者は、ハイパフォーマンスを出している天才とそうでない人の違いは「究極の鍛錬」にあると主張します。

究極の鍛錬とは、できないことをひたすら繰り返す単調な練習を意味します。たとえば、ゴルフがうまくなりたい人が、打ちっぱなしの練習場で漫然とボールを一〇〇球打っても上達しません。

同書には、タイガー・ウッズは足でバンカーにボールを埋め込み、球出しの練習を繰り返したというエピソードが紹介されています。

課題を明確にして、その課題の克服に集中して地味に、ひたすら練習する。だから上達したというわけです。

つまらないおじさん・おばさんになりたくなかったら、テーマを持って新しいことを学び、自分を進化させていきたいものです。

私は毎年正月に、新しいことを一つはじめようと決め、実行しています。二〇二三年は料理教室に通いはじめ、二〇二四年からはヨガ教室にも通っています。

教室に通うのもいいですし「今年の上半期は金融を学ぶ」「下半期は歴史を学ぶ」などとテーマを決めて読書をするのも賛成です。

五〇歳から毎年一つずつ学びを増やしていったら、六〇歳までに一〇個の引き出しが増えるではないですか。

なお、自分に合っていないと思った勉強は、途中でやめてもかまいません。私は過去に通信講座で俳句にチャレンジした経験がありますが、納得のいく句作ができず、途中で断念しました。まあ、センスがなかったということなのでしょう。合わない学びに執着してもしかたがありません。

STRATEGY 34

できる人は、なぜ本を「乱読」するか

――「何を読むか」より「どう読むか」

勉強は仕事に関連した分野に限らなくても大丈夫です。むしろ、仕事に役立つ勉強から離れてみることをおすすめします。

いつも仕事の話しかできない人には、どうしても物足りなさがあります。やはり、仕事以外の話題も豊富な「余白」のある人に魅力を感じます。

読書をテーマに私がいろいろなお話をするとき、「即効性」を求める人の多さに驚きます。Amazonの書評などを見ていても「この本は使えなかった」「使えそうな学びが少ない」といったレビューを投稿している人が散見されます。

これは読書だけにとどまらない傾向といえます。私はこれまで長年セミナーの会社を経営し、本の著者をゲストに招いて何度となくセミナーを開催してきました。そこで気になったのは、アンケートに寄せられた次のようなコメントです。

「今日は営業職の人の話でしたが、自分は人事の仕事をしているので役立つ知識が得られませんでした」

「経営者のお話だったので、一般社員の自分には学べるところが少なかった」

本当にそうでしょうか？

問題はゲストでなく、自分にあるという可能性はないでしょうか。どんな役職でどんな仕事をしていても、経営者や営業職の人から学べることはいくらでもあると思うのです。

経営者には読書家の人が多いですが、経営者の人たちが経営に役立つ知識を経営者の本だけから学んでいるとは到底思えません。

特に一流の経営者ともなると、仕事で参考にすべきお手本がどんどんなくなっていきます。

それでも膨大な本を読み続けている。乱読している。ということは、自分より若い人や異業界の人の本、あるいは歴史学や、場合によっては物理学の本なんかからも学んだ知識を仕事に生かしているわけです。

求められるのは「本を役立たせるスキル」

すぐに役立つか、役立たないか。

この尺度だけで学んでいると、学びは限定的なものになります。

肝となるのは、「役立たせるスキル」です。

「何を読むか」ではなく「どう読むか」で、「その本を役立たせるスキル」が高まれば、学びの機会は圧倒的に増えます。どこからでも誰からでも学べるようになるのですから鬼に金棒です。

実際、ビジネスのアイデアなんてどこに転がっているのか、本当にわかりません。起業家の本をどれだけ読破しても実際に起業家になれるものでもないですし、むしろ畑違いの人の話が起業のネタにつながることもあります。何しろ、新しいことをするのが起業ですから、既存の本に答えを期待しても無駄です。

前述したように、私は最近になって料理とヨガをはじめました。

料理教室に通い出してから気づいたのは、料理には考えることがたくさんあるという事実です。食材の調達から栄養バランス、カロリーや調理法など、思考の対象は多岐にわたります。いつの間にか、朝から晩まで料理のことばかり考える習慣が身につきました。

しかも、普段の料理は一時間くらいの間に何品も作るので、マルチタスクが求められます。おかげで段取り力や時間管理力が相当鍛えられました。そのうち、料理をテーマにしたビジネス書を執筆できるかもしれません。

ヨガも実際に取り組んでみたら、単なるストレッチを超えてインド哲学にもつながる精神性の高いものであると知りました。

インド哲学を学んで事業にどう役立つのかわかりませんが、少なくとも人生観に影響を及ぼすはずです。

仕事以外の勉強が仕事につながり、役に立たなそうな知識が役に立つということも往々にしてあります。

だから、好きなことや面白いと思ったことを追究し、そこから「いかに仕事に役立たせるか」という発想に切り替えて学ぶほうが得策です。自分の好奇心にフタをしないこと。好きなことや面白いと思ったことをぜひ追究してください。

STRATEGY
35
本を読んだら、「話す」「書く」「行動する」

――読書は「アウトプット」が99％

勉強の手段として有効なのは、なんといっても読書です。

本を読むと思考力が高まり、思考習慣が身につきます。また、知識や語彙力が増え、想像力がアップしたり、コミュニケーション力が向上したりする効果もあります。たとえばビジネスチャットのやりとりも的確なものとなり、誤解が少なくなります。

ただし、ひたすら読むだけのインプットの読書では不十分です。ただでさえ現代人はネットニュースやYouTubeなどの閲覧時間が長く、インプット過多に陥っています。インプットばかりしていたら、アウトプットの時間が削られ、インプットした情報を生かす余地がなくなります。

読書の効果を得るためには、「アウトプット」を前提に読むことが不可欠です。本の内容について、思考し、その内容を人に伝えたり、内容を実際の行動に移したりするアクションが大事ということです。

私は、アウトプット重視の読書法について『読書は「アウトプット」が99％』（三笠書房）という本で解説したことがあります。

そこでお伝えしたポイントの一つ目は「話す」です。読んだ本の内容を、家族や友人に話してみるだけでも大きな意味があります。

「読んだ内容を人に話す」という前提で読めば、本の内容をより正確につかもうとする意識が高まります。

また、記憶力とは覚える力ではなく「思い出す力」です。読んだ内容を思い出して話すことで、はじめて記憶になります。内容を頭に定着させるには、人に話してアウトプットすることが効果的です。

二つ目のポイントは「書く」です。

読んだ本の内容や感想をSNSやAmazonのレビューに投稿します。投稿にあたっては読書メモをつくっておきましょう。読書メモとは、本の内容を一枚の紙に要約してまとめたものです。

メモの取り方は自由ですが、私の場合はA4の紙をホワイトボードのように横に使います。そこに本のポイントやキーワード、各章のアイデアやメッセージを箇条書きで記入していきます。

その際、特に印象的だった箇所や重要だと思った文章は引用して記録します。その内容を自分の言葉でまとめ直すこともあります。

単に著者の意見を要約するだけでなく、自分の意見や考察も書き込めば、理解がより深まります。

読書メモは手書きで行なうことをおすすめします。

手を動かすことで脳に定着する効果がありますし、手書きのほうがかえってメモの作成時間を短縮できます。

また、本の裏表紙や扉の裏など、大きな余白があるページにメモを書く方法もあります。わざわざ紙を準備する必要がなく、本を読みながらメモを作成できるのでラクです。

もし、本の内容を忘れてしまっても、その本に書いてあるメモを読めば、「ああ、こんなことが書いてあったな」と思い出せます。

SNSに書評を書くときは、

「何が書いてあったか」

「そこから何を学んだか」

「それをどう生かすか」

の三つを柱にしてまとめるのがポイントです。

何が書いてあったかをまとめる訓練を繰り返せば、文章力や要約力が鍛えられます。

また、「何を学んだか」「それをどう生かすか」は自分独自の意見であり、個性の見せどころとなります。

こうすれば、読んだ本が血肉となる

そして三つ目のポイントは「行動する」です。

本に書いてあることを一つでもいいので実践してみましょう。ビジネス書の多くは、読者の実践を想定して書かれています。

読むだけで満足していたら意味がありません。実践することで本当の意味で本に書いてある知識が身につくのです。

本を読んだ際には、「どうすれば自分の日常に生かせるか」を考えてみましょう。たとえば、商品企画の仕事をしている人が企画術の本を読んだときは、活用法がイメージしやすいと思います。

では、自分とは無関係に思えるジャンルの本の場合はどうでしょう。たとえば、中小企業に勤務する人が大企業のM&Aの話を読んでも、ちょっと縁遠い内容だと感じるかもしれません。

でも、活用する余地を見つけることは可能です。「譲渡企業との信頼関係づくり」を

「取引先との信頼関係づくり」に置き換えて考えると、参考になる部分が見つかるはずです。このように、自分ごととしてとらえてみるのです。

自分に当てはまる要素が見つかったら、仕事や日常生活の中で早速実践してみましょう。

特に意識したいのは、「読んだらすぐにやってみる」ということです。

たとえば、話し方の本を読んだら、そこで紹介されていたフレーズを会話の中で使ってみる、文章術の本を読んだら、ビジネスチャットなどを書くときに真似してみるのです。

本に出てきたノウハウの一〇％も実践できたら上出来です。一つでも実践できたら合格です。

私は二〇代のときに船井幸雄さんの『早起きは自分を賢くする！』（三笠書房）という本を読み、目からウロコが落ちました。そこで、実際に本の内容を実践し、朝四時に起きるようになったのです。すると生活が変わりました。まず、ラッシュ時の混雑した電車で通勤するのをやめ、始発の空《す》いた電車に乗るようになり、心身の疲労が軽減されました。

また、会社の始業時間まで時間の余裕ができたので、資格や語学の勉強をはじめました。その結果、中小企業診断士の試験に合格しました。合格後は、その時間を英語の修得に充てたところ、海外支店に赴任することになりました。

帰国後は、その時間を使って週末起業を実践し、念願だった独立を果たしました。まさに、本との出会いではじめた早起きが人生を切り拓いてくれたのです。

ちなみに、今でも早起きの習慣は続いています。早く起きてウォーキングをしたり、体操をしたり、読書をしたりして充実した朝の時間を過ごしています。

このようにたった一つでも、本に書いてあることを実践すると人生に変化が生じます。本を読むときには「一つでも書いてあることを実践する」ことを意識してみることをおすすめします。

STRATEGY

36

五〇代に読んでほしい三冊の本

——創造的な五〇代を過ごすために

ここでは、私が読んだ本の中から、五〇代からの「シフトチェンジ」につながりそうな本をいくつかご紹介しましょう。

・『LIFE SHIFT』(リンダ・グラットン/アンドリュー・スコット/池村千秋訳/東洋経済新報社)

「人生一〇〇年時代」という言葉を生んだ、世界的な大ベストセラー。五〇代からの人生を考える上ではうってつけの本といえます。

これから誰もが一〇〇年生きる時代になると、人生のあり方が大きく変わります。かつては勉強して、社会に出て働き、リタイア後は余生を自由に過ごすというシナリオが理想とされてきました。

しかし、年金制度の維持が困難になってきた現代では、そう簡単にはいきません。できるだけ就業期間を延ばし、稼ぎ続ける必要が出てきたわけです。

長い人生を健康で幸福に過ごすには、健康の維持も重要ですし、人間関係や学びも不可欠となります。

本書は、さまざまな観点から「人生一〇〇年時代を生きるヒント」を提示してくれます。

・『エッセンシャル思考』(グレッグ・マキューン/高橋璃子訳/かんき出版)

エッセンシャル(essential)は「本質的な」「必要不可欠な」という意味の言葉であり、エッセンシャル思考は九九%の無駄を捨て、本当に重要な一%に集中することを目指す考え方です。

無駄を捨てるために本書が教えるのは、タイムマネジメントやライフハックではなく、「できるだけやらない」方法です。

重要な考え方として、

①「やらなくては」ではなく「やると決める」

②「どれも大事」ではなく「大事なものはめったにない」

③「全部できる」ではなく「なんでもできるが、全部はやらない」

という三つを提示しています。

日々の仕事に追われている人にこそ、読んでほしい本です。

自分をアップデートする四つのワーク

・『新版　いくつになっても、「ずっとやりたかったこと」をやりなさい。』（ジュリア・キャメロン／エマ・ライブリー／菅靖彦訳／サンマーク出版）

読み物というより、ワークブックに近い内容の本です。本書では四つのワーク（基本ツール）が紹介されています。私も実践してみました。

①モーニング・ページ
毎朝、数ページにわたって手書きで自分の心の内を書き出します。モヤモヤした自分の感情を言語化することで、対処しやすくなる効果があります。

②アーティスト・デート
一週間に一度、一人で探索の旅に出かけ、興味を引くものや魅了するものを探します。単なるお出かけではなく、「アーティストとしての自分とデートする」という意識で取り組みます。

私は子供の頃、動物が好きだったこともあり、海外も含めた出張先では必ず動物園にいく習慣を持っていました。本書をきっかけに、久しぶりに動物園に行き、ワクワクしながら動物を見て回りました。

アーティスト・デートで私が最も足を運んだのが書店です。書店に行くと、街歩きも楽しめますし、思いもよらない本との出会いもあります。

書店で得た情報をきっかけに、「来週はコンサートに行こう」などと新たな展開が生まれるのも魅力です。

普段、限られた会社で限られた人と仕事をしていると、会話や発想も非常に限定されたものになります。

週に一回強制的に自分とアポを取ると、行動力が相当上がり、視野も広がります。目的を持たずに自分の好奇心のままに出かけるアーティスト・デートは、定期的に行なう価値があります。

③ソロ・ウォーキング

一週間に二回、犬や家族を連れず、携帯電話も持たずに行なう二〇分の単独ウォーキングです。歩くことで心と体が鍛えられます。しばしば、歩きながら〝ひらめき〟が起こることもあります。

④メモワール

一週間に一回、記憶を呼び覚まし、過去の人生を再訪します。今の年齢を一二で割り、その年数分を毎週順番に振り返ります。これを行なった結果、過去に失った夢に気づき、もう一度その夢を追い求める人もいます。

私自身九〇日間やってみて、忘れてしまっていた〝やりたいこと〟が次々と見つかりました。

創造的な五〇代を過ごしたい人には必読の一冊です。

STRATEGY

37

五〇代にふさわしい「選書眼」の鍛え方

――「いい本」を見つけるためのチェックポイント

選書眼を鍛えるには、とにかくたくさんの本を読みまくるのが一番です。質より量という言葉があるように、大量の本を読むと見極めのセンスが自然と磨かれます。

とはいえ、書店は本であふれています。あまりに本がありすぎて、時間とお金が追いつかないと悩む人も多いことでしょう。

そこで、効率的に本を選ぶためのチェックポイントをお伝えしたいと思います。

まずは「タイトル・サブタイトル」です。

タイトルは本の内容を端的に表します。著者も出版社もタイトルとサブタイトルを練るのに大きな労力を割いています。

とはいえ、タイトルは一〇〇％信用できるわけではありません。売るために、中身と乖離したタイトルをつけるケースもあるので注意が必要です。あまりに極端すぎたり、都合がよすぎたりするタイトルは眉唾物といえます。


次に、著者です。

著者プロフィールを読むと、著者がどういう人なのかが、おおよそ把握できます。学ぼうとしている分野で業績を残し、その分野で代表作を出版している人が書いた本なら、手に取る価値があります。

ただし、高学歴のエリートなら信頼できるということではありません。たとえば、企業での実務経験のない大学教授が書いた仕事術の本は、そのまま実践に使えるものが少ないと私は感じています。

また、著名な著者の中には、あまりに著書を乱造していてクオリティに難があるケースも散見されます。

「はじめに」「目次」「カバーデザイン」も要チェック

そして「はじめに」です。

本によって「まえがき」「はしがき」「序文」「プロローグ」などと表記が異なりますが、巻頭にある文章であり、数ページ程度でまとめられているケースが一般的です。この文章をチェックすると、本の内容をかなりの精度で判別することが可能となります。

「はじめに」でチェックしたいのは、著者の執筆目的です。多くの場合、「はじめに」では、なぜこの本を書いたのかを明らかにしています。著者が意図する目的と、あなたが求めている目的が一致しているかどうかを確認します。

「はじめに」では各章の内容を箇条書きでまとめているパターンがあります。この内容があなたの目的に合致していれば購入する価値はありそうです。

また、「対象読者が誰か」というのも注目したいポイントです。

たとえば「政治・経済の基本を学びたい人のために」と書いてあれば対象読者は明確です。

具体的な記述がなくても、いい本であれば「これは自分が求めていた内容だ」「もうちょっと上級者向けの本だな」のように、対象読者の見当がつくはずです。

なお、「はじめに」は著者が力を入れて書いている部分であり、最初の三行が命です。ここでフィーリングがしっくりくる本は「買い」です。逆に、なんだかピンとこない本は最後までついていけない可能性が大です。

もう一つチェックしておきたいのが「目次」です。

各章のタイトルと、項目見出しが列挙してあり、ここを読めば本の全体像を把握できます。

一章は「問題が起きている理由」、二章は「問題の対応事例」、三章は「解決策の提言」など、章ごとの役割が明確であれば、内容が整理されていると考えられます。

逆に、思いつくままに書き連ねたような本は読みにくいことが多いので要注意です。

なお、目次を見て、タイトルとまったく違う内容だと判明するパターンもあります。

これは不誠実な本づくりといわざるを得ません。避けておいたほうが無難です。

最後に、その他の要素として、「カバーデザイン」も参考になります。

本のカバーは出版社の力の入れどころの一つです。優れた本は、得てしてカバーデザインも秀逸です。

STRATEGY
38
若い頃の愛読書を読み返してみる
――そこには前とは違った発見がある

「最近はめっきり読書から遠ざかっている」

「読みたいと思いながら、なかなか本に手が伸びない」

そんな人は、昔読んでいた本を再読してみるのもいい方法です。

今五〇歳くらいの人は、まだまだ本が身近な時代に育ちました。本を読む力そのものは備わっているので、きっかけさえあれば読書習慣をつけることは可能です。昔読んだ本は、最良の呼び水になるはずです。

思い返せば、私の好奇心は本との出会いから目覚めました。忙しかった親が、私にさびしい思いをさせないよう、図鑑を買ってくれたのが最初だったと記憶しています。当時はテレビゲームが登場する前で、転勤や引っ越しも多かったので、友達ができるまでの一人の時間はもっぱら本を読んで過ごしていました。

特に子供の頃は昆虫が大好きで、目を輝かせながら昆虫図鑑や『ファーブル昆虫記』などを読んでいました。外では昆虫を追いかけ回し、将来は昆虫学者を本気で夢見ていたものです。

あれから約五〇年。今から昆虫の本を再読して勉強してみるのも悪くないな、と思っています。

「再読」が、心に与えてくれるもの

実際に、昔読んだ本を再読してみたこともあります。

コロナ禍がはじまり、ステイホームが叫ばれていたころ、退屈しのぎに愛読書であった司馬遼太郎の作品を片っ端から再読しました。

かつて夢中になった『竜馬がゆく』『坂の上の雲』『翔ぶが如く』といった作品を読み返して思いました。

「あの頃は、やっぱり青かったな」

でも、けっしてネガティブな感想ではありません。当時は坂本龍馬や明治の時代をつくった若者に憧れ、幕末に生まれたかったと思っていました。そんな自分の未熟さを笑う気にはなれず、むしろまぶしく感じられたのです。

若い頃熱中した本を読むと、前とは違った解釈ができます。解釈の違いを通じて自分の成長を確かめることができます。

それ以上に大きな効果は、若い頃の自分に触発されるということです。若い頃の夢や希望、考えていたことや感じていたことを思い出し、自分も頑張らなければいけないと思います。心にスイッチを入れたい人は試してみてください。

STRATEGY

39

料理も、筋トレも大事な教養の一つ

――「サバイブの知恵」を身につけよ

少し前から「教養」がちょっとしたブームのようです。書店には「教養としての〇〇」と銘打った本がたくさん並んでいます。昨今のリカレント教育、リスキリング推奨の流れも教養ブームの追い風となっています。

もちろん、教養を身につけておくに越したことはありません。ただ、人によって教養の定義がバラバラで、多くの人がよくわからないまま「教養」に飛びついているようにも見えます。

一般的には、「教養＝リベラルアーツ」と説明されることがあります。リベラルとは自由、アーツはアート（技術・技芸）のことであり、中世ヨーロッパで必須とされた「セブン・リベラル・アーツ」（自由七科……文法、修辞学、論理学、算術、幾何学、音楽、天文学）を表します。

もともとは古代ギリシアの奴隷的な生き方から解放されて、自由に生きていくために必要な知識を指していたのです。

現代では大学で「一般教養課程」があるように、専門教科以外の人文科学・社会科学・自然科学に関する基礎的な知識が教養であるというイメージが定着しています。

なんとなく哲学や歴史を学んだり、美術や音楽への造詣を深めたりすることが教養であると考える人もいます。

また、学びによって人格や人間性を高めることに教養の価値を置く考え方もあります。「あの人は教養豊かな人ですね」というときには、人間性に優れているという解釈が含まれているように思います。

教養とはもっと生活に密着したもの

でも、リベラルアーツを学ぶといってもピンとこないですし、単に知識量を誇るというスタンスはネット社会では通用しません。

私は、教養を「知恵」に近いものであると勝手に解釈しています。

知恵とは、世の中の問題解決や自分の課題解決につながる不可欠な知識を意味します。もっと簡単にいうと、「サバイブ」するために必要な知識です。

現代の五〇代の教養を「生きていくための知恵」ととらえると、人それぞれに教養のイメージが明確になるのではないでしょうか。

たとえば私にとって料理は教養ですし、健康知識も教養であり、当然ながらお金も教養の範疇に含まれます。筋トレや火起こしだって教養に位置づけられます。

そう考えると、教養を学ぶ必然性を実感し、意欲的に学べるのではないでしょうか。

STRATEGY 40

「日本のこと」をもっとよく知ろう

――たとえば、「歌舞伎」について語れるか？

テレビでは、外国の人が日本の職人に弟子入りするといった内容の番組がときどき放映されています。

それを見ていると、刀鍛冶とか漆塗りといった日本の伝統工芸について、知らないことがたくさんあると気づかされます。

グローバル時代だからこそ、日本人が日本のことを勉強するのはとても重要です。

私は受験生だった頃に日本史を選択していたこともあり、日本史には結構関心があり、折に触れて勉強を続けてきました。

最近は、もっと日本を知るために、日本各地を実際に訪れたいと考えています。以前は旅行というと、北海道とか沖縄といったリゾート地ばかりに目が向いていましたが、全都道府県を制覇するという目標を立て、少しずつ実行しています。

過去に講演などで訪れた土地であっても、単に仕事をしただけで、十分に見学していないところがまだまだあります。世界遺産を見学し、寺社巡りなどもしていこうと目論んでいます。

また、島の文化や風土にも興味があります。沖縄では本島はもとより、宮古島、石垣島、西表島、小浜島といった島々を一つずつ踏破してきました。これからは、佐渡島や種子島、奄美大島などにもいってみたいと思っています。

五〇代になると否応なしに残り時間を意識するようになります。二〇二〇年からは三年近くコロナ禍で足止めを食いました。

「いつかは……」と、悠長に構えている場合ではなく、いきたいところには計画的にいかなければならないと思っています。

日本のことを知りたいなら海外にいく

ところで、日本についてより深く知る上で最も有効な方法は、逆説的ですが、海外にいくことです。

私は、若い頃に海外で仕事をしていたのですが、そのとき自分が日本のことばかり考えていることに気づきました。

海外にいくと、視点が高くなります。たとえばシンガポールにいくと、「シンガポールってこういう国だよな。それに比べると日本はこういう国だな」といった具合に、日本という国のことを俯瞰的に考えるようになります。

海外と比較することで、日本のいいところだけでなく、課題も明確に見えてきます。だから、日本を知りたいなら海外にいくことが一番なのです。

私は海外を旅行するとき、意識的に世界中の旅行者が混乗するバスツアーに参加します。ランチなどで各国の旅行者とご一緒する機会があり、英語の聞き取りに苦労しながら一生懸命コミュニケーションを取ります。

そこでは、

「今度日本にいきたいけど、おすすめの観光地はありますか」

「歌舞伎の歴史について教えてください」

「禅について教えてください」

「源氏物語って、どういうストーリーなんですか」

などと聞かれます。

相手のほうが自分より詳しいと恥ずかしくなりますし、勉強が必要だと痛感します。

やはり海外に出ることは、日本を知る大きなきっかけになると思います。

STRATEGY 41

二つ以上の趣味を持つ

――一人でできる趣味、みんなでできる趣味

趣味の楽しみ方は一つではありません。一人で楽しむ読書のような趣味もあれば、大人数で楽しむフットサルのような趣味もあります。一つの楽しみ方にこだわらず、バランスよく楽しむのが理想といえます。

経営コンサルタントの大前研一さんが「趣味を四つの軸で考える」ことを提唱してい

ました。
四つの軸とは、次のとおりです。

①一人でできること
②仲間とやること
③外でやること
④室内でやること

四象限でマトリクスをつくると、趣味は四つのいずれかに分類されます。

・一人でできる×外でやる……ジョギング、釣り、ソロキャンプなど
・一人でできる×室内でやる……読書、動画鑑賞、筋トレ、手芸など
・仲間とやる×外でやる……ゴルフ、ハイキング、野球など
・仲間とやる×室内でやる……合唱、バンド活動、麻雀など

理想はすべてのタイプの、少なくとも二つ以上のタイプの趣味を持っておくことです。

というのも、仲間と集まるのが好きだとしても、いろいろな事情で一人で過ごす日も当然あります。それに、歳を取るにつれて仲間に先立たれる可能性も出てきます。そうなれば、一人で過ごす時間が多くなるわけです。そんなとき、一人でも楽しめる趣味を持っていたほうが退屈しません。

ゴルフが趣味の場合も雨や雪が降ったりしてラウンドできなくなると、とたんに暇になります。

ましてや現代の真夏にゴルフをするのは非常に危険です。実際にゴルフをしている私の経験でも、夏場に救急車で運ばれていく人を何人も見ています。特にゴルファーには高齢者が多いので心配になります。

やはり天候や体調によっては室内で読書でもしておくのが安全です。

私の趣味の楽しみ方

私は孤独が苦にならないタイプですが、教室に通って仲間に囲まれながら学ぶのが好きです。だから、料理もヨガも教室に通っています。

教室のよさは、なんといっても人間関係ができるということです。メソッドがしっかりしているので、上達や知識習得が早いのも魅力です。

意外にメリットだと感じるのは、叱ってもらえることです。五〇代にもなると会社でも叱られる機会がめっきり減っているはずです。

私も仕事では厳しい助言をしてくれる人がいなくなっているのを感じています。でも、料理教室にいくと叱られてばかりです。油を引かないでフライパンを温めると叱られますし、手洗いが不充分だったり、包丁の扱いがちょっと雑になったりすると注意されます。

叱られると「まだまだだな」と感じ、謙虚な気持ちになれます。経営者が茶道などの稽古事を嗜《たしな》むことを好むのも、案外叱られるためだったのかもしれません。

ちなみに、私の趣味の一つはゴルフです。ゴルフをはじめたのは、アメリカに住んでいた二〇代の頃です。三〇代になり、子育てをするようになってからはプレーをする機会がめっきり減り、四五歳から再開して一〇年以上が経過しました。

腕に覚えがあるというほどではないものの、ゴルフをする時間は貴重な楽しみといえます。

ゴルフが趣味として優れていると思う理由は、私が人生のテーマとしている「お金」と「健康」と「人間関係」に深く関係しているからです。

ゴルフをしてお金をいただけるわけではありませんが、「ゴルフを楽しめるくらいにはお金を稼ぎたい」というモチベーションにはなっています。

また、プレーを続けるためには健康維持が欠かせませんし、コースを回ると結構な運動にもなります。仲間と勝負することでテストステロンが増える効果も期待できます。

そして、五〜六時間のラウンド中、ずっとおしゃべりをしているので、人間関係が豊かになります。まったく知らない人と回ることもあるので、新しい知り合いもたくさんできます。高齢者のゴルファーにはトップを極めた経営者もいるので、お話を聞いているだけで勉強になります。

ゴルフをすると、ゴルフをするお金と健康と仲間がいることに感謝するようになります。

この三つを確認するためにプレーを続けているといっても過言ではありません。

STRATEGY

42

あなたは明日、死ぬかもしれない

――「やりたいこと」があるなら、すぐやる

遊びに限らずですが、強調しておきたいのは、やりたいことを「先延ばししない」ということです。

私が起業のお手伝いをしていると、あれこれ言い訳をして起業を先延ばししようとする人によく出会います。

「今、会社で力を入れているプロジェクトが終了したら……」

「部長に出世したら……」
「地方の出向先から東京に戻ったら……」
「定年退職をしたら……」

このように、行動しない言い訳が次から次に出てくるのです。

起業だけではありません。プライベートの夢についても、なぜか言い訳を持ち出して先延ばしする人があとを絶ちません。

「お金が貯まったら旅行しよう」
「時間ができたら趣味をはじめよう」
「子供が自立したら勉強をはじめよう」

でも、言い訳をしている間にも、時間は刻一刻と過ぎていきます。言い訳をしているうちに、不測の事態が発生する可能性もあります。最悪の場合、五〇代で命を落とす人もいます。

やりたいことがあったら、すぐにでもやったほうがいいです。少なくとも、準備に着手すべきです。

「先輩」たちからの貴重なアドバイス

私は若い頃、世界各地を旅行したのですが、さまざまな理由で今ではいけない・いきにくくなってしまった場所がいくつもあります。

たとえば、シリアの世界遺産のいくつかは、内戦の影響で危機遺産の指定を受けています。エルサレムの旧市街も周辺情勢の悪化により、観光のハードルは上がっています。イタリアのヴェネツィアも地球温暖化の影響で水没の危機に瀕しています。今後も、パンデミックや戦争などにより、いつどこにいけなくなるか予想がつきません。

あるいは自分の健康上の問題が理由でいけなくなることもあります。たとえば、マチュピチュは標高が高いため、高山病のリスクがあります。足腰が弱ってしまったら、いける場所は一気に限定されてしまいます。

年齢とともに制約が生じる遊びもあります。

たとえば、沖縄でスキューバダイビングする場合、六〇歳以上は病歴診断書の提示を求められ、特定の病歴があると参加ができません。

オートバイの大型免許は、教習所によって取得の年齢制限を設けているところがあります。「定年退職したらハーレー」のはずが、免許が取れなかったらどうしようもなくなります。

テーマパークのジェットコースターは、種類によって「五五歳」「六五歳」などの年齢制限を設けています。

「いつかやろう」と考えていたら、制限の日はあっという間にやってきます。先延ばししている余裕はありません。

よくいわれるように、人生で一番若いのは今です。私がスポーツジムで七〇代や八〇代の人とお話をすると、決まって次のような言葉をかけられます。

「あなた若くていいよね。今のうち、いろいろやっておいたほうがいいよ。だんだん食欲もなくなるから、食べたいものは今のうちに食べておきなさい」

こういったありがたい忠告に従い、先延ばしはやめようと肝に銘じています。先輩たちの忠告には重みがあります。

5章

人生後半のリスクに早めに手を打っておく

——お金・家・親の介護……50代のリアル

STRATEGY

43

「必要十分なお金」を見える化しておく

――「ストック」と「フロー」の両面から考える

人生の後半戦では、前半で予期しなかったような問題に次々と直面します。本書を締めくくるこの章では、お金・家・介護などについて語っていくことにしましょう。

私の周囲の六〇代、七〇代の人たちは、お金に関して大きく二つに分かれます。

一つは、お金の心配がなく、余裕がありそうな人たち。そして、もう一つは常にお金に不安を抱え、お金にシビアな人たちです。後者の人たちの多くは、貯蓄を取り崩しながら生活しています。

たとえ大企業で役員クラスにまで出世して退職時に数千万単位の退職金を手にした人でも、例外ではありません。最初は預貯金に余裕があるので、いい車に乗り、ゴルフにいき、いいお店で食事をするなど優雅な暮らしを満喫します。

けれども、時間が経つにつれ、預貯金残高はどんどん減っていきます。それを目の当たりにして、あるとき「このままで大丈夫か」と不安になってきます。世間一般からすると、まだまだ貯蓄がたっぷりあるような人でも、減る一方の預貯金通帳を眺めるうちに不安にかられて急に節約をはじめるようなことが起こります。

私が通っているスポーツジムでも「これからは年金だけでやっていかなければならないので……」と、退会していく人を何人も見てきました。

たしかに、取り崩すだけでは貯蓄はものすごいスピードで減っていくものです。

起業のハウツー書などを読むと「二年分の生活費を貯蓄した上で、会社を辞めましょう」といったアドバイスが書いてあります。私もアドバイスを参考に、ある程度の蓄えをつくってから独立したのですが、やはり貯蓄が減るスピードは想像をはるかに超えていました。だから貯蓄を取り崩すだけの高齢者の恐怖心はよくわかります。

五〇代からの、お金に関する三つのポイント

お金に関して重要なポイントは、まず「できるだけ収入源を持ち続けること」だと思います。3章で人間関係はいったんつくれば終わりではなく、つくり続けることが不可欠だとお話ししました。

これとまったく同じです。お金に関しても「ストック」だけでは不十分であり、「フロー」が重要です。

定年後も仕事を続け、わずかでも収入を得ていれば、一方的な資産の目減りを防ぐことができます。前述した「お金の心配がなく、余裕がありそうな人たち」は例外なく、仕事を続けているか、不動産からの家賃収入や株式からの配当収入など、年金以外の収入源を持っています。

そのためには、今から将来に備えて起業の準備や投資を行なうことが重要なポイントです。

特にインフレの時代には、現預金だけで資産を保有していると実質的価値が目減りするばかりです。インフレに強いとされる不動産や株式に投資し、リスクを分散させることが求められます。

NISAなどは五〇代からはじめてもまだ間に合います。投資は「時間」が武器となりますから、早めに手を打っておきたいところです。

そして三つめのポイントが「年金の受給をできるだけ遅らせる」です。

一定の年齢に達すると、仕事は続けられなくなります。大半の人は、最終的に年金生活に入ることになります。

よく知られている話ですが、年金は受給開始時期を遅らせれば遅らせるほど、受給額が増えます。ですから、仕事を持っている限りは、年金に頼らずに生活を続けたほうが一般的には有利といわれています。

年金は貯蓄や資産運用というより、保険に近いものです。どうしても働けなくなったときに助けてくれるものです。働けるうちは、七〇歳でも八〇歳でも働き続けたほうがいいと思います。

よく、雑誌の特集などで「年金はいつからもらうのがお得か」などの特集を見かけますが、年金など受け取らずに終わるのが最も幸せではないかと思うのです。

なお、年金生活に備えて、あらかじめ年金だけで収支が合うような生活にしておけば安心です。収支の採算が合っていれば、貯蓄に手をつけずに済みます。貯蓄に手を出すなということではありません。こうしておけば、お金の使い方に余裕が出てきます。

最後のポイントは、「お金を見える化しておく」です。

会社員の場合、五〇歳ごろに給与所得のピークを迎え、役職定年や定年退職（雇用延長）などを機に、収入が段階的に減少します。

ただし、役員になった人や副業をしている人はこの限りではありません。つまり、収支のありようは人それぞれです。

だから、今のうちから収支の予測をきちんと「見える化」しておくことが肝心です。

たとえば、退職金や受給開始時期別の年金受給額について、きちんと確認しておきましょう。住宅ローンや子供の教育費の支払いがいつ終わるのかも含め、自分なりの収支を明確にしてください。それにより、自分がどう動けばいいのかが見えてくるはずです。

STRATEGY 44

「DIE WITH ZERO」こそ理想

——「あの世へお金は持っていけない」

「あの世へお金は持っていけない」

よくいわれる言葉です。

老後のためにせっせとお金を貯め込んでも、死んでしまったらそれで終わりです。節約するのも大事ですが、人生が終わるときに「もう十分に生きた。楽しい人生だったな」と思えるようなお金の使い方をしたいものです。

『DIE WITH ZERO』（ビル・パーキンス／児島修訳／ダイヤモンド社）という本があります。

この本がユニークなのは、お金の貯め方や増やし方ではなく「使い切り方」に焦点を当てているところです。

本書の著者は、お金は使うために存在しており、お金を使う目的は豊かに生きるためであると主張します。

豊かに生きる秘訣は、お金を「経験」と交換することにあります。この本では、四五～六〇歳から資産の取り崩しをはじめ、死ぬまでに経験したいことをすべてやりきることを提唱しています。

そして、死ぬときは文字通り「ゼロ」で終わるのが理想というわけです。

複数の民間企業の調査によると、遺産の平均額は三〇〇〇万円程度ということです。

老後不安におびえて、やりたくない仕事を続けたり、爪に火を燈すような節約に勤しんだりした挙句、やりたいこともできないまま、それだけのお金を残して死んでいくのは、なんともむなしい思いがします。生前にお金を使い切りたいという考え方には共感できます。

問題は、自分がいつまで生きるかわからないということです。長生きをすることで、生活資金が枯渇してしまい、経済的に立ちゆかなくなることを「長生きリスク」といいます。

人生一〇〇年時代には、自分が想定していたより長生きする可能性もあるため、長生きリスクもその分大きくなります。現実的には、働く期間を可能な限り延ばし、経験にも惜しみなくお金を投じつつ、いざとなったら、死ぬまでもらえる年金だけで質素に生きていくのが落としどころになるでしょうか。

なぜ、死んだあとのことまで心配するのか

私が本書を読んで「なるほど。一理ある」と思ったのは、相続は生きているうちにしたほうがいい、ということです。

たとえば、私の父は健在で、今も仕事を続けていますが、いざ相続となれば、多くな

いとはいえ、私たち子供が相続することになります。でも、本音をいえば、もっと早くほしかったなと思います。

起業したての三〇代の頃は、子供の養育費もかかり、お金のやりくりに汲々としていました。あの頃、お金を援助してもらえたら、どんなに助かったことでしょうか。

正直なところ、今は事業も軌道に乗り、子供も独立したので、あのときほどの切迫感はありません。だから、子供にお金を譲るなら、自分が死んだあとにまとめて譲るより、本当に必要なときに少しずつでも譲ってあげるほうが理にかなっているといえそうです。

一般論として、相続税と贈与税を比較すると、贈与税は基礎控除額が低く、税率も高くなっています。ですから、単純に親が持っている財産を今のうちに承継したほうがいいということにはなりません。生前贈与を考えるのなら、きちんとした知識を得た上で行なうのをおすすめします。

ただ、私自身は「相続も贈与も、そこまで必死で考えるようなことなのだろうか」という疑問がどうしてもぬぐえません。

世の中の資産家には、税金について四六時中考えているタイプの人が少なくありません。そういったタイプの人が一定の年齢に差しかかると、いかに税金を抑えて子や孫に引き継ぐかを真剣に考えはじめます。

中には自分の孫と養子縁組をして、相続人を増やそうとする人もいますし、先祖代々の土地にマンションを建て、相続財産の評価額を下げようとする人もいます。

なりふり構わぬ節税対策を見ていると、こんな感想が口をついて出てきます。

「自分が死んだあとって、そんなに心配なのかな」

「子供の人生は、子供が勝手に考えればいいことじゃないのかな」

自分があれこれ悩んだところで、子供の将来はなるようにしかなりません。そもそも、死んだあとのことなどわからないのです。お金を残したからといって、絶対に安心というわけではありません。

子供に資産を引き継ぐ義務も必然性もない

しょせん肉体はこの世を生きるための「借り物」です。死んだら土に還るだけ。

お金だってそうです。あくまでもこの世を楽しく生きるための燃料みたいなものであり、死んだ時点で自分にとっての価値はなくなります。

それを子供に引き継ぐ義務も必然性もないと思うのです。

私は自分で稼いだお金は、生きているうちにできるだけ自分や子供たち、周りの困っている人たちのために使い、たくさん感謝されたほうがいいと考えています。

死んでしまったら、あげた相手の「ありがとう」の言葉を聞くことはできませんし、笑顔を見ることもできません。生きているうちに、本当に価値あるお金の使い方をすることこそが、大事なのだと思います。

STRATEGY 45

親と過ごす時間を慈しむ

――「そのとき」はいきなりやってくる

五〇代にもなると、親の介護や死がリアルなものとなります。「まだ元気だから、しばらくは大丈夫」などと考えていたら、いつその日がくるかわかりません。状況は一瞬で暗転するもの、と自覚しておく必要があります。

私は数年前に母を亡くしました。八〇歳でした。

それまでは本当に元気で、なんの不自由もなく生活を送っていました。毎年の健康診断の結果もオールA。薬もまったく服用しておらず、周りの人がうらやむような健康体だったのです。

あるとき、そんな母にガンが発見されました。医者から「あと半年」といわれたものの、現実を受け止められませんでした。少し前まであんなに元気だったのに……。とまどうばかりで心の整理がつきません。

母は病気を克服するつもりでしたし、私も回復を信じていました。

闘病を見守りながら、私は最大限の親孝行をしようと心に決めました。

病状が落ち着いたら、母親のやりたいことを一つずつ叶え、いきたいところに連れていこう、と考えていました。

ところが、すぐに事態が急変しました。ガンが脳に転移し、あれよあれよという間に意思疎通さえできなくなってしまったのです。

運が悪いことに、世の中はコロナ禍のまっただ中であり、病院で面会することもできません。

旅行や会食どころか、自分が会うことも孫に会わせることさえできない。そんなもどかしい状況の中、母は息を引き取りました。ガンが見つかってから半年にも満たない、あっという間の出来事でした。

母を亡くして、今さらのように「人は本当にいきなり亡くなってしまうのだ」と痛感しました。

もっと親孝行しておけばよかったと今でも後悔しています。

八〇歳の親と過ごせる残り時間は、たった一〇日

家族社会学、社会調査法を専門とする関西大学社会学部の保田時男教授が、ユニークな計算をしています。

親と別居している子が一年のうち親と会う日数は、お正月やお盆など平均六日間。ただし、一日中一緒に過ごすわけではなく、実際に顔を合わせている時間は平均四時間だそうです。

つまり、一年のうち、たった二四時間（六日間×四時間）しか会っていないことにな

ります。

平均余命に照らし合わせ、親と一緒に過ごす残り時間の目安を簡単に計算できるサイトがあります。

それによると、八〇歳の親と過ごせる残り時間は、たった一〇日程度。時間にすると四〇時間程度しかありません。

そう考えると、親と過ごす時間がどれだけ貴重なものかがわかります。元気なうちに、親といろいろ出かけたり話したりしておいたほうがいいです。


ところで、私の場合は介護らしい介護をさせてもらえませんでしたが、介護は長期化する場合も多々あります。

現に、私の周りには数年にわたって親の介護を続けている人がたくさんいます。介護は子育てと違ってゴールがいつになるのかわかりませんし、基本的に状況は悪化していくので、心身ともに負担は大きなものとなります。

私が介護の専門家からいわれたのは「自分一人で抱え込もうとするのは間違っています。自分の生活を変えようとしてはダメですよ」ということです。家族が介護を抱え込むと、生活が破綻し、結局は全員が不幸になるというのです。

介護で一生懸命親孝行しようとすると、ストレスが溜まり、かえって親にきつく当たることにもなりかねません。介護の分担をめぐって、きょうだいの仲が険悪になることもあります。

それよりも、多少はドライに割り切って、専門家の手を借りることが大事かもしれません。

理想をいえば、親が元気なうちから介護の分担をきょうだい間で話し合ったり、本人に介護の意向を確認したりしておくといいと思います。

STRATEGY 46

「孤独」への準備をはじめる

――「料理」は、じつは一生役立つスキル

国立社会保障・人口問題研究所が発表した世帯数の将来推計によると、一世帯あたりの平均人数は二〇三三年に一・九九人になると見込まれています。

高齢化により、二〇五〇年には六五歳以上の一人暮らしが一〇八三万人に達するのだそうです。

もはや「お一人さま」が当たり前の時代です。今から一人でも生きていける準備をし

ておく必要があるでしょう。

今の時代は夫婦共働きで、家事や育児も分担するのが当たり前となっていますが、私たちの世代は夫が外で働き、妻は家事や育児の中心を担う家庭が結構な割合で存在していました。

この場合、夫が仕事をリタイアしたら、妻が家事を一手に引き受ける理由がなくなります。夫だけが仕事から解放されて、妻だけが家事を担い続けるというのは、どう考えても理不尽です。

しかも、家事は生きていく限り、一生やり続けなければなりません。寿命は長くなっていますから、その期間は長くなる一方です。それを考えると、暗たんたる思いになるかもしれません。夫のリタイアを機に熟年離婚を突きつける妻の気持ちもわかります。

かくいう私はかつて料理がまったくできない人間でしたが、今は料理教室に通い、せっせとスキルを習得しています。

料理をはじめようと思ったきっかけは、やはり母親を亡くしたことです。

父親はなんとなく自分が先に逝くと思っていたようですが、予想に反して母が先立ってしまいました。とたんに困ったのは父です。父は当時の男性らしく、家事全般にとことん疎い人間だったのです。母は、亡くなる直前まで、父の食事の心配をしていました。

行政はアテにならない

母が亡くなった当時、父は料理はおろか、スーパーでの買い物さえほとんどしたことがありませんでした。電子レンジも使いこなせない家事レベルでした。

「電子レンジなんて、料理が載ったお皿を入れてボタンを押すだけでしょ?」

と思うのですが、そんな初歩的なことすら知らなかったのです。

父親は幸いにも元気で、まもなく九〇ですが今も現役で仕事をしています。父親を見ていて気づいたのは、行政は健康な高齢者をほとんどケアしてくれないという事実です。認知症が進んだとか、ベッドから起き上がれないといった要介護の認定を受けた場合はともかく、単純に「家事ができない」では、いくら高齢でも支援の受けようがありません。

「仕事をしているなら、そのお金でお手伝いさんでも雇えばいいんじゃないですか」といわれるのがオチです。

父親に最低限生きていくための家事スキルを教えながら、思いました。

「こんなふうになったら、家族に心配をかけてしまう」

そんなわけで、意を決して料理教室に通いだしたのです。

料理教室に通うようになり、料理の楽しさに目覚めました。

「どうしてこんなに楽しいことを今までやらなかったんだろう」と後悔するくらい、今は料理にのめり込んでいます。

「つくったものを食べてもらい、喜んでもらえる」ことは何よりの喜びです。今まで「自分にはできないだろう」と思い込んでいたメニューが実際にできたときには心底感動しました。つくっている過程を楽しむだけでなく、家族に食べてもらい喜んでもらえることも楽しみになりました。

料理をすると本当に頭を使います。料理には時間術も段取り力も求められます。仕事にも人生にも役立つことばかりであり、まさに一生使えるスキルです。はじめるなら早いに越したことはないと思います。

STRATEGY 47

「承認欲求」を捨てるべきときがきた

――生活をどうダウンサイジングするか

四〇代までの人生は、仕事もプライベートものぼり調子です。

仕事のスキルはどんどん高まり、人脈も増え、会社でも昇進や昇格を経験します。それに伴って、所得も増えていきます。子育てをしている人は、子供の成長する姿に感動する機会がたびたびあることでしょう。

必要に迫られて家を購入したりクルマを手に入れたりするなど、持ち物もどんどん増えていきます。モノを所有することが喜びの一つであり、それを手にするために所得を上げることが大きなモチベーションになる時期でもあります。

しかし、そんなのぼり調子の日々は、五〇歳くらいで頭打ちを迎えるのが一般的です。たとえば、子供が自立して家を出ると、大きな家は持てあますようになります。クルマもミニバンなどのファミリーカーではなく、燃費がいい軽自動車やコンパクトカーで十分です。六〇歳になれば、所得も減少していきます。

ライフステージが子育てから介護へと移行し、親を失う経験などを経て、死生観や人生観にも変化が生じます。

「一生懸命頑張って出世してお金を稼ぎ、モノを増やしていこう」

という意識から、

「これまで頑張って手にしてきたものを少しずつ手放して、身軽になっていこう」

という意識にシフトチェンジしていくのです。

私自身、四〇代までは「利益を伸ばして会社を大きくしたい」「社員を増やしたい」

などと思い、会社経営に情熱を注いでいました。しかし、五〇代からは人生のダウンサイジングを強く意識するようになりました。

いろいろなものを削っていった結果、今は食事や睡眠、筋トレなどの健康や社会貢献、人間関係などに意識が向いています。贅沢をしなければ、そんなにお金はいらないとも考えるようにもなっています。

ダウンサイジングは、悲しいことでも悪いことでもありません。むしろもっと自由にアクティブに動き回るために、身軽になるのです。春になって冬服を脱ぎ捨てるようなものです。ポジティブに受け止めればいいのです。

「質素に暮らす」練習を

四〇代くらいまでは、他人との比較や、他人からの評価を価値の中心に置きがちです。たとえば、フェラーリを買いたいという欲求には、純粋にクルマに乗りたいという以上に、「フェラーリを買うことができる人だと認められたい」という承認欲求が含まれています。

会社でも「上司に評価されたい」「お客さんに評価されたい」など、承認欲求を満たすことが頑張りの原動力となっています。それが業績や評価にも直結しますから、無理もないことです。

でも、定年退職をしたら、そうした評価は不要です。もう自分が好きなように生きていけます。いつまでも他人の顔色をうかがう必要はありません。

そもそも、若者と張り合っても体力や気力では勝ち目はないですし、みじめなだけ。だから、五〇代は価値観をシフトチェンジしてラクな生き方を追求したほうがいいと思います。

これからは、たとえば今さら通勤に便利な場所に大きな持ち家を持つことにこだわる必要はありません。人それぞれの終《つい》の住処《すみか》を見つければいいのです。

豪勢な食事を口にしても、かえって健康を害することになるので、体にいい普通の食事を楽しむほうが大事です。

アメリカには「アーミッシュ」と呼ばれる人たちがいて、テレビやスマホ、クルマなどの文明の利器をほとんど使わず、農業や牧畜を営みながら自給自足の生活を送っています。

彼らはお金もほとんど消費しないので、倒産や老後破産といった言葉ともまったくの無縁です。

さすがに、そこまでの生活はできないにしても、彼らの身軽な暮らしはもっと高齢になったときに参考にできるのではないかと予感しています。

いずれにせよ、人からよく見られたいとか、人よりも成功していると思われたいという欲求も捨てたほうが、人生の後半は楽しいと思います。

今のうちに承認欲求から逃れておけば、この先二〇年も三〇年も自由に生きていけると思います。

STRATEGY 48

心をすり減らさないこと

――人間らしい豊かな人生を手に入れる

私は千葉県の地方都市に生まれ、東京に憧れを抱きながら成長しました。

就職を機に上京し、念願の東京生活を実現。がむしゃらに仕事をして所得を上げ、そのたびに引っ越しを繰り返し、ついには都心に住まいを構えることができました。

しかし、今改めて思うことがあるのです。

果たしてこのままでいいのか、と。

子育てをしているときは、子供が通う学校をおいそれと転校させるわけにもいかず、東京に住み続ける必要がありました。

でも、子供が自立した今は、東京に住む理由がほとんど失われています。

たとえば、少し前までは、都心にオフィスを構える取引先の企業や出版社との打ち合わせが頻繁にありました。

けれども、コロナ禍を経た今ではオンラインの打ち合わせで十分、事足ります。地方にいても東京の仕事はできるようになっています。

地価の異常な高騰にも嫌気がさしてしまいました。東京二三区における新築分譲マンションの平均価格は一億円を超えています。

なんということのないマンションでも、驚くような高値がついています。それでいて、お風呂には窓がついていなかったり、リビングの窓の向こうに別のマンションが立ち塞がっていたり、朝の二時間しか日光が当たらなかったりします。何億もするマンションですらそうなのです。

これが本当に豊かな人間らしい生活といえるのかと疑問を感じています。

心を消耗しつくしてしまう前に

私の周りには、こんな都心に見切りをつけ、地方への移住に踏み切る人が増えてきました。

東京からの移住はいくつかのパターンがあり、山方面では山梨県や栃木県の那須塩原市、長野県軽井沢町などが代表的です。海方面では静岡県熱海市、神奈川県小田原市などでしょうか。共通するのは東京からのアクセスがよく、自然環境が豊かであることです。

二拠点生活をしている人も、例外なく東京の滞在時間を減らし、地方の比重を増やすことばかり考えています。

「東京はお金がかかるし、心が消耗する」

みんな口を揃えてそう語っています。最近も、ソムリエの勉強を介して仲よくなった一人の知人が山梨県への完全移住を決め、近々東京の住まいを引き払うと語っていました。周りにはワイナリーが多いので最高だと語っています。

彼らに触発され、ずっと東京住まいに満足してきた私も、地方移住に興味を持つようになりました。「そんなに地方暮らしがいいというなら、自分もちょっと経験してみよう」と考えて実際に地方の物件を探しはじめています。

もちろん地方移住のデメリットは承知しています。「クルマがないと生活が不便」「刺激が少なくて退屈」「飲食店やスーパーが少ない」「医療機関が少ない」など。

いったん地方に移住した人が、高齢になって再び東京に戻ってくるケースもあります。何が正解とはいえないですが、やらずに後悔するのはもったいない気もしています。自分が納得できる暮らしを追求したいと考えています。

STRATEGY 49

体をしっかり守る

――過ぎたるは猶及ばざるが如し

年齢を重ねるにつれ、誰しも健康上の問題が少しずつ表面化していきます。

私の周りでも、「筋力が落ちた」「体の無理がきかなくなった」「すぐに疲れてしまう」「体力の回復が遅くなった」と訴える人が少なくありません。

若い頃と比較すると、健康診断の数値も明らかに悪化していきますし、「体が硬い」「目が見えにくい」「歯が弱ってきた」といった症状も顕著になっていきます。

だからといって「年だからしかたがない」と衰えるに任せていると、坂を転げ落ちるように、あっという間に老け込んでしまいます。

健康を若い頃に戻すことは難しいですが、「守る」ことはできます。五〇代からは、体を大事に保っていくための健康戦略が求められます。

健康の基本は食にあります。私の場合、食事は栄養バランスを考えながら、できるだけ三食同じ時間に食べることを心がけています。

もともと野菜が好きなので野菜は積極的に摂取していますし、納豆やヨーグルトなどの発酵食品も好んで口にしています。

食事の量に関しては、以前は食べすぎで体重管理に悩んでいましたが、現在はご飯の量をはかりで量った上で食べるなど、摂取カロリーを意識しています。

食べすぎを防ぐ上で効果的だったのは、外食の回数を減らしたことです。

そもそも外食産業は、あの手この手で私たちを食べさせようとします。

たとえば、ラーメン屋さんでラーメンを注文すると、無料でご飯がついてくることがあります。「いりません」と断れば済む話なのですが、無料といわれると、食べないと損をしたような気になります。本当はいらなかったはずなのに、ついつい余計なカロリーを口にしてしまうわけです。

意志の力で食欲を振り切るのは難しいですが、外食そのものを減らせば誘惑にさらされる機会を回避できます。

食べすぎ、飲みすぎを防ぐ工夫をする

最近は自分で弁当をつくって仕事場まで持参しています。弁当をつくるようになったのは、料理をはじめたことが最大の理由ですが、コロナ禍がちょうどいいきっかけとなりました。

以前は、ランチの時間を商談や人脈づくりに利用することが多く、突然誘われることも少なくなかったので、弁当は持たない主義でした。

しかし、コロナ禍では会食の機会が一気になくなりました。そこで、外食をする代わりに自分で弁当をつくって持参するようになったのです。

弁当箱は大きさが決まっているので、ご飯やおかずの詰めすぎを物理的に防ぐことが

できます。ランチを自前の弁当に変えただけで、食べすぎを解消できました。

弁当をつくるようになって、外食の味つけが濃いことにも気がつきました。たまに外で食事をすると「美味しい！」とは感じるのですが、塩分が強いせいで、あとでのどが渇いてきます。今までいかに塩分を取りすぎていたかがわかります。

食べすぎだけでなく、飲みすぎにも注意しています。私はワインを趣味にしているので、アルコール自体は好きなのですが、計画的に休肝日を設けるなど、酒量をコントロールするようにしています。

自分に合った、一生続けられる運動を

食事だけでなく、適度な運動も不可欠です。

私は毎朝のラジオ体操とウォーキングを習慣づけています。都会で硬いアスファルトの上を歩き続けると肩こりや腰痛の原因となるので、あえて公園などの舗装されていない道を選んで土の上を歩く時間もつくっています。

歩くときは、ＭＢＴ（通称：マサイシューズ）を着用することがあります。ＭＢＴは

「Masai（マサイの人々）・Barefoot（裸足）・Technology（テクノロジー）」の略であり、地面を裸足で歩くような感覚を再現するというもの。これにより、姿勢の改善やバランス感覚の向上、疲労軽減などが期待できるとされています。

また、週に何日かは午後からスポーツジムで筋トレを行ないます。

一般に筋肉量のピークは三〇歳くらいであり、四〇代からは年に一％のペースで筋肉量が減少してしまうそうです。筋肉が衰えると疲れやすくなりますし、病気のリスクも高まります。

人体において下半身には全身の筋肉量の六〇～七〇％が集中しています。普段運動不足の人は、下半身の筋肉から鍛えていくのが基本です。

さらに、趣味でゴルフとヨガに取り組んでいます。ゴルフについては196ページで前述したので、ここではヨガに触れておきたいと思います。

ヨガの魅力はいろいろあるのですが、一言でいえば心と体の両方に効くところが気に入っています。単なるストレッチでなく、瞑想・呼吸法の要素がメインで、心身ともにリラックスできるのです。

教室でヨガをするとき、終了前にシャバーサナという横になるポーズをとります。このとき、多くの人が爆睡してしまいます。その心地よさは、サウナで整うどころではありません。ヨガには呼吸を深め、睡眠の質を高める効果もあるのです。

呼吸は生きることの基本です。心疾患やメンタル疾患など、さまざまな病気は呼吸の乱れに現れるといわれています。ヨガは生きる上での基本を正してくれるものであり、今では私の生活に不可欠なものとなっています。一生続けられる、いい健康法だと思っています。

（了）

50代《だい》がうまくいく人《ひと》の戦略書《せんりゃくしょ》

著　者――藤井孝一（ふじい・こういち）

発行者――押鐘太陽

発行所――株式会社三笠書房

〒102-0072　東京都千代田区飯田橋3-3-1

https://www.mikasashobo.co.jp

印　刷――誠宏印刷

製　本――若林製本工場

ISBN978-4-8379-4018-0 C0030

本書へのご意見やご感想、お問い合わせは、QRコード、
または下記URLより弊社公式ウェブサイトまでお寄せください。
https://www.mikasashobo.co.jp/c/inquiry/index.html